馮自由著

中國革命運動二十六年組織史

張繼署

民國滬上初版書·復制版

中國革命運動二十六年組織史

馮自由 著

上海三聯書店

图书在版编目(CIP)数据

中国革命运动二十六年组织史 / 冯自由著. ——上海:上海三联书店,2014.3
（民国沪上初版书·复制版）
ISBN 978-7-5426-4660-6
Ⅰ.①中… Ⅱ.①冯… Ⅲ.①资产阶级民主革命—组织机构—历史—中国
Ⅳ.①K257

中国版本图书馆 CIP 数据核字(2014)第 038372 号

中国革命运动二十六年组织史
著　　者 / 冯自由
责任编辑 / 陈启甸 王倩怡
封面设计 / 清风
策　　划 / 赵炬
执　　行 / 取映文化
加工整理 / 嘎拉 江岩 牵牛 莉娜
监　　制 / 吴昊
责任校对 / 笑然

出版发行 / 上海三联书店
(201199)中国上海市闵行区都市路 4855 号 2 座 10 楼
网　　址 / http://www.sjpc1932.com
邮购电话 / 021-24175971
印刷装订 / 常熟市人民印刷厂

版　　次 / 2014 年 3 月第 1 版
印　　次 / 2014 年 3 月第 1 次印刷
开　　本 / 650×900　1/16
字　　数 / 205 千字
印　　张 / 21
书　　号 / ISBN 978-7-5426-4660-6/K·266
定　　价 / 105.00 元

民国沪上初版书·复制版

出版人的话

如今的沪上，也只有上海三联书店还会使人联想起民国时期的沪上出版。因为那时活跃在沪上的新知书店、生活书店和读书出版社，以至后来结合成为的三联书店，始终是中国进步出版的代表。我们有责任将那时沪上的出版做些梳理，使曾经推动和影响了那个时代中国文化的书籍拂尘再现。出版“民国沪上初版书·复制版”，便是其中的实践。

民国的“初版书”或称“初版本”，体现了民国时期中国新文化的兴起与前行的创作倾向，表现了出版者选题的与时俱进。

民国的某一时段出现了春秋战国以后的又一次百家争鸣的盛况，这使得社会的各种思想、思潮、主义、主张、学科、学术等等得以充分地著书立说并传播。那时的许多初版书是中国现代学科和学术的开山之作，乃至今天仍是中国学科和学术发展的基本命题。重温那一时期的初版书，对应现时相关的研究与探讨，真是会有许多联想和启示。再现初版书的意义在于温故而知新。

初版之后的重版、再版、修订版等等，尽管会使作品的内容及形式趋于完善，但却不是原创的初始形态，再受到社会变动施加的某些影响，多少会有别于最初的表达。这也是选定初版书的原因。

民国版的图书大多为纸皮书，精装（洋装）书不多，而且初版的印量不大，一般在两三千册之间，加之那时印制技术和纸张条件的局限，几十年过来，得以留存下来的有不少成为了善本甚或孤本，能保存完好无损的就更稀缺了。因而在编制这套书时，只能依据辗转找到的初版书复制，尽可能保持初版时的面貌。对于原书的破损和字迹不清之处，尽可能加以技术修复，使之达到不影响阅读的效果。还需说明的是，复制出版的效果，必然会受所用底本的情形所限，不易达到现今书籍制作的某些水准。

民国时期初版的各种图书大约十余万种，并且以沪上最为集中。文化的创作与出版是一个不断筛选、淘汰、积累的过程，我们将尽力使那时初版的精品佳作得以重现。

我们将严格依照《著作权法》的规则，妥善处理出版的相关事务。

感谢上海图书馆和版本收藏者提供了珍贵的版本文献，使“民国沪上初版书·复制版”得以与公众见面。

相信民国初版书的复制出版，不仅可以满足社会阅读与研究的需要，还可以使民国初版书的内容与形态得以更持久地留存。

2014 年 1 月 1 日

中國革命運動二十六年組織史

馮自由著

中華民國三十七年一月初版

冯自由著

中国革命运动二十六年组织史

张继署

孫中山先生讀書圖

中國革命同盟會總理孫文
特委託本會會員
馮君自由李君自重文在香
港粵城澳門等地聯絡同志
二君熱心愛國誠實待人足堪
本會委託之任凡有志入盟者可
由二君主盟收接特此通知仰祈
察照是荷
中國革命同盟會[illegible]
天運歲乙巳年八月十日發

中國同盟會第一次發出委任狀攝影

文獻足徵

蔣中正

序

歷史之學。勿論其爲編年紀事。要皆足以識興廢。明沿革。昭法戒。旌功勳。使讀者種類宗國之思。油然而生。南海馮自由先生躬預締創。多識舊聞。而精於別擇。語大則政典軍役。語小則起居言動。凡所不可略者。皆以類筆之。雖司馬溫公之集長編。猶假手僚友。而自由以一身任之。其書兼備各體。有以一事爲起訖者。則紀事本末之體也。有記開國大政大事者。則實錄之體也。有記人記事者。則左傳之體也。其所著中華民國開國前革命史、革命逸史、華僑開國革命史。余皆得盡讀之。近寫成中國革命運動二十六年組織史一書。凡十餘萬言。自　國父肄業廣州博濟醫院。以迄辛亥民國政府成立。歷年二十有六。諸凡黨人於國內外所組織機關。如報館、學校、書肆、印刷所、書報社、歌劇團、黨會、軍隊、暗殺團、商店、旅館、醫院、輪船、農牧場等等。以洎關係人年時地所之類。一一詮次說明。其數千數百有奇。即余負笈日本所僦居之紅梅館及山之出館。余已忘其比戶之番號。而自由備舉之。如述昨日事。如數掌上紋。余任史職。今後史實欲待參訂者。將日橐筆以從自由。就其口授。集爲長編。吾知自由是書之成。

海內外史家得因此各出其所藏。以餉自由。蔚爲鴻著。眞不朽之巨業也。於是乎書。民國三十六年四月但燾序於國史館

本書大意

一、本書初定名「開國前國內外革命黨各機關說明。」嗣徵求諸老友意見。多認爲此名範圍太狹。未足以包括此書之內容。著者亦以此書屬編年體。有重訂之必要，最後乃定今名。蒙張溥泉先生兩次題寫書面。殊深感謝。

一、香港中國日報爲興中會同盟會兩時期之革命黨交通總樞紐。自己亥年（民國前十三年）出版以迄辛亥民國成立。未嘗間斷。著者歷任是報編輯及社長有年。所珍藏各種筆記冊籍及國內外同志機關個人之姓名地址簿。盈箱累篋。四十餘年來遷徙流離。雖有散失。幸尙保全大部。本書所載各機關人名地所事蹟各項。十九由上述史材採集而成。其有遺漏而未知底細者。則一一向當年在場諸老友分別探詢。務臻完備。

一、本書所載各段記事。以篇幅所限。僅能敍述大概。蓋如詳細敍述。實非百數十萬言不能盡。讀者倘欲更知詳細。請參閱拙著中華民國開國前革命史及革命逸史華僑革命開國史諸作。

一、本書所述革命黨人各組織。以西南及長江沿岸各省與海外華僑所在地爲特詳。而關於東北及中原各省。則頗嫌簡略。此殆由於清末内外各省交通梗塞郵傳不便之故。甚盼東北及中原各省同盟諸老友列舉所知。以便本書再版時補充材料。至所歡迎。

一、本書所載海外華僑各機關均有詳細英文地址。以排印不便。故僅將地名街名譯音。以存眞相。

民國三十六年六月十五日寫於上海旅次

目次

革命運動第四年（庚寅）之組織

香港輔仁文社

革命運動第六年（壬辰）之組織

澳門中西藥局

革命運動第七年（癸巳）之組織

廣州東西藥局　廣州聖教書樓　廣州廣雅書局抗風軒

革命運動第八年（甲午）之組織

上海名利棧機關　天津佛照樓機關　檀香山茂宜牧場　檀香山興中會　檀香山華僑兵操隊

革命運動第九年（乙未）之組織

香港興中會總部　廣州興中會　廣州鹹蝦欄張公館　香港杏花樓　北江起義部隊　香山起義部隊　橫濱文經印刷店　橫濱興中會

上海正氣會　上海國會　大通自立軍前軍　湖北自立軍本部　漢口自立軍分所　三洲田革命軍　博羅革命軍別隊　廣州革命軍暗殺部　廣州西關長老會　廣州五仙門福堂　廣州西城史公館　香港楊衢雲書館　橫濱開智錄　東京對陽館　九龍鄧三伯農牧場　東京東亞商業學校　台灣台南日報　杭州浙會　蘇州東吳大學

革命運動第十五年（辛丑）之組織

橫濱廣東獨立協會　東京國民報月刊　香港中國日報第三年　金山大同日報第一二年　上海大陸報

革命運動第十六年（壬寅）之組織

東京支那亡國紀念會　橫濱支那亡國紀念會　東京青年會　橫濱新民叢報第一二年　橫濱新小說月報　石岐演說社　武昌孫森茂花園機關　東京湖北學生界　東京湖南遊學譯編　上海中國教育會　河內興中會　香港大明順天國和記棧　廣州大明順天國興漢軍花隸信義公司　廣州繼業肥料公司　芳村繼業肥料公司

革命運動第十八年（癸卯）之組織

革命運動第十九年（甲辰）之組織

學堂　長沙東文講習所　醴陵淥江學堂　長沙同仇會　長沙修業學堂　長沙經正學堂　長沙作民譯社　長沙聖公會　江西自強會　上海青年學社　紐約致公堂　波士頓致公堂　洛山磯致公堂　山爹古致公堂　紐柯連致公堂　美疎喇致公堂　亞蘭達致公堂　巴士杰致公堂　橫濱三合會　嘉興溫台處會館　上海光復會　處州雙龍會

革命運動第二十年（乙巳）之組織

東京二十世紀之支那雜誌　貴陽樂羣小學　潮州第一次革命軍　暹羅華暹日報　比利士國同盟會　德京同盟會　列日城同盟會　巴黎同盟會　東京中國同盟會本部　香港同盟會　香港有所謂報　東京民報　東京高野方　新加坡南洋總匯報　西貢堤岸同盟會　香港李陞格致書院　西貢彭西寓　紹興大通學堂　西貢李安利寓　緬甸仰光新報　香港光漢學校　廣州采南歌劇團　廣州羣報　廣州時事畫報　仰光中華義學　干崖軍國民學校　仰光商務調查會月刊　北京桐城會館機關　桂林同盟會　東京羣智學社　新加坡同盟會　台山聯志社

革命運動第二十一年（丙午）之組織

革命運動第二十二年（丁未）之組織

香港普慶招待所　汕頭鐵路公司　澳門樂羣書室　虎門陸軍講武堂　南當法文書院　梧州文明閣　潮州第二次革命軍　潮州第三次革命軍　惠州七女湖革命軍　汕頭幸阪旅館

香港關桂坊許宅　廣州鳳翔書院　廣州張大夫第　廣州豪賢街朱宅　歸善廣榮商號

連州三江番攤公司　番禺大塘鄉萬馨茶樓　上海通運公司　潯州廣亨商號　東京河南月刊　東京中國新世界　上海神州日報　東京晉聲雜誌　東京漢幟社　東京醒獅雜誌　新加坡中興日報　開封大河書社　香港堅道招待所　九龍青山農場　香港馬禮遜山道招待所　廉州中學堂新軍營　廉州小學堂新軍營　黃埔陸軍小學　佛山黃照普書館　安慶光復軍　紹興光復軍　金華光復軍　台州光復軍　安慶岳王會　荷屬雙溪烈啓智學堂　檳港中華學堂　東京漢風雜誌　澳門優天影劇團　廣州美華書局　雲南體操學校　長崎寶屋旅館　防城革命軍　汕尾革命軍　上海世界社　柳州富貴陞旅館　柳州樟腦公司　東京天義報　鎮南關革命軍　東京大江報　貴陽自治學社　東京共進會　南洋怡保同盟會

革命運動第二十三年（戊申）之組織

京倘志學社　青島振旦公學　檀香山自由新報　檀香山大聲報　貴陽黔報　日裏蘇門答臘報　泗水民鐸報　泗水泗濱日報　東京日華新報　廣州梁煥眞醫院　柳州蓮花橋機關
仰光第二光華報　汕頭長春堂　雲南永安革命軍　香港現身說法社　香港振南聲劇團
貴陽貧民工廠　西安健本學堂　西安馬安臣學塾　廣州保亞票會　騰越自治同志會
安慶革命軍　新加坡同文書報社　檳榔嶼益智書報社　吡叻蒲盧江秀覺民書報社　吡叻安順培智書報社　吡叻端洛中興書報社　吡叻布先益智書報社　吡叻美羅萃羣書報社
六條石埠書報社　柔佛公民書報社　雪蘭峨士我月埠書報社　巴東色海東華書報社　檳榔嶼大山脚華僑書報社　蔴楮巴轄益羣書報社　新加坡公益書報社　新加坡同德書報社
吡叻華僑書報社　吡叻沙叻培文書報社　吡叻拿吃興華書報社　吡叻萬里望民興書報社　吡叻金寶開智書報社　宗溪詩佛文墨書報社　芙蓉書報社　麻六甲中華書報社　實兆遠益智書報社　魯乃坡益民書報社　布知埠益智書報社　甲板埠同德書報社　吉礁雙溪丹年新漢書報社　文丁埠華商書報社　古毛埠競明書報社　北般烏山打根中華書報社

社　大亞齊書報社　巴城老巴刹書報社　南榜書報社　文島官港中華書報社　萬隆埠民儀書報社　巴沙爾中華書報社　龍目安班瀾漢光書報社　波盧甘龍中華書報社　山口洋民生書報社　坤甸岡存書報社　松柏港民羣書報社　坤甸白樹脚羣生書報社　文島如勿士中華書報社　蘇門答臘巴東書報社　文島雙溝烈明德書報社　溜汶叨利覺羣書報社　日里民鐸書報社　日里直名丁宜開智書報社　日里巴株巴勞中華書報社　日里武麗安中華書報社　日里火水山中華書報社　日里麗葛中華書報社　日里棉蘭華崇書報社　日里爪勝中華書報社　萬里望智羣書報社　勿里洞華僑書報社　監光登宜開智書報社　哥踏丁莛覺羣書報社　覺厘洞岸黨書報社　日里爪勝新邦中華書報社　日里頓挽中華書報社　日里大棉中華書報社　日里勿叻灣中華書報社　日里瓦冷中華書報社　日里新邦知甲中華書報社　日里頌牙埠華僑書報社　日里仙遠中華書報社　緬甸惹中亞沙漢維華書報社　緬甸丹老埠新民書報社　緬甸摩洛棉漢聲書報社　緬甸瓦城振漢書報社　勃生埠漢興書報社　勃臥埠培民書報社　洞遇益華書報社　木各具愛羣書報社　密沙興漢書報社

革命運動第二十四年（己酉）之組織

革命運動第二十五年（庚戌）之組織

廣州新軍革命軍　温高華大漢日報　維多利致公總堂　漢高華致公堂　舊金山同盟會　北京東北園黎寓　檀香山同盟會　茂宜同盟會　希爐同盟會　檀島同盟會祕密團　檳榔嶼光華報　仰光進化報　上海民聲叢報　澳洲雪梨民國報　武昌振武學社　上海民立日報　檳榔嶼孫公館　九龍城黎寓　香港支那暗殺團　庇魯國利馬埠民醒報　舊金山少年中國晨報　温高華同盟會　委也基國漢族自由社　漢口大江報　美國葛侖埠同盟會　屋崙埠同盟會　沙加緬都同盟會　士篤頓同盟會　斐市那同盟會　北架斐爾同盟會　洛山磯同盟會　馬些埠同盟會　滑愼威利同盟會　山柯些同盟會　西雅圖同盟會　砵侖埠同盟會　的彩埠同盟會　委林麥同盟會　亭佛同盟會　波士頓同盟會　埃崙頓同盟會　費城同盟會　美利賀同盟會　汪古魯同盟會　紐柯連同盟會　山爹古同盟會　山達巴巴同盟會　古巴夏灣拿同盟會　介華連同盟會　雲丹拿同盟會　東京左仲遠寓　漢口雄風報

廣州灣三泰利號　仰光緬甸公報　柳州革命軍　舊金山金門學堂

陳公館　廣州粤秀里機關　廣州瓷器店　廣州容福里劉宅　廣州聯勝里機關　廣州天香街機關　廣州甕巽照相館　廣州祥龍里陳宅　廣州謝恩里機關　廣州大塘街機關　廣州小南門機關　廣州觀音山脚機關　廣州炸粉街機關　廣州江家祠機關　廣州司後街機關　廣州牛巷機關　廣州秦泉里機關　廣州河南但公館　廣州九眼井機關　廣州大馬站機關　廣州溪峽徐公館　廣州省河水上機關　廣州巡警教練所　香港革命軍統籌部出納課　廣州革命軍出發隊　柳州華熙客棧　惠州別動隊　樂從墟別動隊　番禺別動隊　上海同盟會中部總會　上海楊譜生宅　舊金山新舞台　四川榮縣革命軍　小呂宋同盟會　小呂宋公理報　新加坡南僑日報　舊金山洪門籌餉局　墨西哥行士打冷埠致公堂　榮苑埠致公堂　加爾姐埠致公堂　威麻埠致公堂　扶朗姐致公堂　益美利致公堂　哥路拿致公堂　廣州支那暗殺團　廣州河南順和隆機器廠　上海天鐸報　桂林南風報　開封國是日報　檀香山華文學校　維多利同盟會　福州建言報　湖北文學社共進會聯合會　漢口寶善里機關　武昌孫尭卿宅　鄂省革命軍總機關　漢口漢興里機關　武昌雄楚樓　武昌中

意日報　天津北方共和會　灤州革命軍政府　上海各省都督代表聯合會　漢口各省代表聯合會　重慶革命軍政府　成都革命軍政府　山東革命軍政府　烟台革命軍政府　遼寧東三省保安會　河南革命總司令部　河南西路革命軍　河南南路革命軍　河南東路革命軍　華僑革命黨歸國代表　南京各省代表聯合會　南京中華民國臨時政府　伊犂革命軍政府　北京炸袁暗殺隊　北京北方暗殺部　河南革命威武軍　河南革命奮勇軍　南京臨時參議院

中國革命運動二十六年組織史

——一名開國前國內外革命黨各機關說明——

緒言

溯自孫中山先生（以下概稱總理）於中華民國紀元前二十六年丙戌（陽曆一八八六年）肄業廣州博濟醫院。結識鄭士良先生開始進行革命以來。致辛亥中華民國成立。凡二十六年。在此期間。國內各省及海外各埠革命黨人所憑藉或所組織之機關。逐年增加。星羅棋布。更僕難數。此項機關可分為實行宣導二種。如起事暗殺籌餉等類謂之實行。黨會俱樂部軍隊暗殺團商店旅館醫院農牧場輪船等等屬之。辦報設學譯述著作演劇等。一類謂之宣導。報館學校印刷所書報社書店歌劇團等等屬之。二者工作雖不同。而效果則一。經過二十六年之奮鬭。前仆後興。蟬聯不斷。卒成就復漢開國之大功。猗歟盛矣。回憶乙未年（民國前十七年）九月廣州興中會首義失敗後一月。孫總理偕鄭士良陳少白兩先生舟抵日本橫濱。下榻於余父鏡如公所開設之山下町五十三番文經印刷店二樓。未幾即約余父組織橫濱興中分會。時余年甫十四。亦奉父命受盟。童稺無知。鮮有建白。自是常獲追隨總理左右。叨教良多。及乙巳年（民國前七年）六月二十八日。總理復召集全國革命黨各派首領黃克強先生等大會於日本東京。創立中國同盟會。余亦預焉。是年八月十日總理首派余赴香港主持中國日報。兼開設香港廣州澳門等處分會二十六年來所保存興中會同盟會及中國日報各項記載表冊。與著年多年筆記函牘等件。盈箱累篋。雖經多次遷徙流離。幸尚不致全部散失。茲特根據上述各種史料。臚列開國前國內外各地革命黨人所憑藉或所組織之大小機關。千數百處。凡年代時日地所人物事蹟等項。均一一加以說明。並分年編列經過。藉供有心研究革命史者之參考。今之青年倘能因讀此書。而瞭解中華民國之締造艱難。及當日革命黨人之苦心孤詣。相與愛護而光大之。則余斯著爲不虛矣。

革命運動第一年丙戌

中華民國紀元前二十六年
清光緒十二年
陽曆一八八六年

機關名稱	所在地	主要人姓名
廣州博濟醫院	廣東番禺	孫總理鄭士良尢列

（說明）孫總理名文。字日新。後改逸仙。廣東香山縣翠亨鄉人。生於中華民國紀元前四十六年丙寅（一八六六年。）幼讀書鄉塾。聞鄉中父老間談太平天國遺事。義形於色。隱然有匡復之志。十三歲隨侍母楊太夫人赴夏威夷之茂宜島。就乃兄德彰公所設商肆習商業。越年肄業於檀香山英文學校。攻讀五載。學冠儕輩。時夏威夷士人漸受美國自由空氣所鼓盪。反對土王及西班牙統治之聲四起。總理耳濡目染。民族民權之觀念油然以生。十八歲後歸國。從名宿區鳳墀陳仲堯補習國學。於歷代興亡掌故及全國山川形勢。尤孜孜研究不輟。十九歲適逢中法甲申之役。清廷割地喪師。舉國共憤。總理由是逐滿救亡之企圖。益爲堅決。二十一歲以耶教洗禮牧師美人喜嘉利之介。由香港皇仁書院轉學於廣州美國傳道會所創博濟醫院。課餘輒與同硯議論時政。人多

忽視。獨有鄭士良號弼臣者。惠州歸善縣人。少入洪門三合會。豪俠尙義。頗負時望。聞總理談吐。輒爲傾倒。總理與之志同道合。遂與商談救亡大計。士良極願屆時羅致東江一帶會黨以參加義舉。總理由是獲悉交結各地祕密會黨之門徑。其後乙未廣州庚子惠州之革命兩役。即發端於是。又有順德縣人尤列號少紈者。爲廣東輿圖局測繪生。與洪門會黨素有往還。偶偕族人博濟醫院出身醫師尤裕堂同至博濟訪友。與總理一見如故。自是常至博濟訪總理及士良暢談國事。是爲總理在粵交結革命同志之第一年。

革命運動第二年丁亥

民國紀元前二十五年　清光緒十三年　陽曆一八八七年

機關名稱	所在地	主要人姓名
香港雅麗士醫學院	香港荷理活道	孫總理陳少白

是年何啓博士爲紀念其亡妻雅麗士。在香港荷理活道創辦雅麗士醫學院。聘康德黎博士爲院長。總理以雅麗士醫科設備較博濟完善。乃由廣州轉學該院。同學有關景良江英華黃康衢陳少白王澤民鄭漢淇諸人。總理在校恆喜談太平天國洪秀全楊秀清石達開陳玉成李秀成等軼事。且以洪秀全自命。故同學多以洪秀全呼之。就中與總理最密切者爲新會人陳少白。嘗與訂盟爲兄弟。其人文學優長。多材多藝。總理時好投稿香港各報及上海萬國公報。發表改良時局意見。輒與少白商榷行之。後數年總理所撰上直督李鴻章書。卽肄業雅麗士時腹稿也。少白以性情不近醫術。在校兩年餘而輟學。總理課餘失此良友。後常引爲憾事。

機關名稱	所在地	主要人姓名
香港楊耀記商號	香港歌賦街	楊鶴齡孫總理尤列

總理邑人有楊鶴齡者。向熱心興漢逐滿之說，有先代遺業商店在香港歌賦街。名楊耀記。總理課餘。以鄉誼關係常偕陳少白訪鶴齡敍談。順德人尤列與鶴齡同爲廣州算學館學生。時任香港華民政務司署文案。亦常到楊耀記訪鶴齡話舊。於是四人時常會合。高談造反倒滿。旁若無人。鶴齡更特闢一室以爲政談之所。時人遂戲呼四人爲四大寇。

革命運動第四年庚寅

民國紀元前二十二年
清光緒十六年
陽曆一八九〇年

機關名稱	所在地	主要人姓名
香港輔仁文社	香港百子里	楊衢雲謝讚泰

輔仁文社爲香港僑商有志者所組織之小俱樂部。成立於庚寅年。其時距中法甲申（民前二十八年）之役未遠。國人漸知滿清政府之不足恃。及研究新學之必要。港僑中遂有福建海澄縣人楊飛鴻（字衢雲）廣東開平縣人謝讚泰（字康如）二人。聯絡有志者劉燕賓陳芬黃國瑜羅文玉胡幹之周昭岳等十六人。發起輔仁文社。以開通民智討論時事爲宗旨。是爲港僑設立新學團體之先河。其開會地點。初假劉燕賓所開之炳記船務公司爲之。至壬辰年（民前二十年）二月十五日始開設會所於百子里第一號二樓。此社內容僅在多購置新學書報。以開通民智。尚未含有政治上之激烈性質。然是時風氣仍極閉塞。聞者僉以洋化二字譏之。且時不免香港警吏之窺伺也。衢雲爲人仁厚和藹。行俠好義。尤富愛國思想。時充任沙宣洋行副經理。於辛卯年（民前

二十一年）始漸與孫總理相識。一見如故。時爲總理在雅麗士醫學校最後修學之前一年。故該校時有衢雲之足跡。及乙未正月。總理自檀島歸抵香港。謀擴大興中會之組織。親訪衢雲約其合作。衢雲欣然從之。輔仁文社社員加入興中會者。衢雲以外尙有謝讚泰周昭岳等數人。

革命運動第六年壬辰

民國紀元前二十年
清光緒十八年
陽曆一八九二年

機關名稱	所在地	主要人姓名
澳門中西藥局	澳門康公廟前	孫總理陸皓東吳節薇

孫總理於是年夏六月在香港雅麗士醫學院畢業後。首在澳門康公廟前創設中西藥局懸壺濟世。以醫術高明。漸爲世人所歡迎。惟以澳地民智閉塞。開發困難。使其信仰西醫已屬不易。遑言國政。因詢知鏡湖醫院爲全澳有名紳商所公立。向用中醫中藥施治貧病。若從事政治運動。非先向該院紳商入手不可。遂由友人吳節薇介紹。迭請該院兼用西醫西學。以濟中醫所不及。並願擔任義務。不受診金。該院紳商感其高義。竟破例從之。總理由是與各紳商時相往還。就中紳商之具有聲望勢力者。只何穗田盧丸吳節薇陳席儒陳庚如蕭瀛州數人。盧蕭二人爲煙賭巨商。向以交結中外官宦爲光寵。最稱頑固。二陳爲檀香山大農業家陳芳之子。稍具洋化而乏遠見。穗田節薇思想較新。可作政治談友。穗田尤熱心愛國。惟不贊成激烈之主張。總理所認爲好友而時得其助力

者。卽此何吳二氏耳，總理居澳數月。時欲物色熱心同志。如鄭士良陳少白其人者杳不可得。只有同邑人陸皓東楊鶴齡楊心如等數人往來石岐香港澳門間。相與暢談改革。餘人皆不敢引爲知己。因之遂有易地廣州另創局面之意。適是時當地葡醫因總理醫業興盛。大招所忌。遽提出禁止外籍醫生在澳門操業之議。總理早認澳門爲無可活動。遂乘機收束中西醫局。而移於廣州。

革命運動第七年癸巳

民國紀元前十九年
清光緒十九年
陽曆一八九三年

機關名稱	所在地	主要人姓名
廣州東西藥局	廣東廣州冼基	孫總理尹文楷龐文卿

是年春。孫總理由澳門移藥局於廣州市冼基。易名東西藥局。延尹文楷醫生為助手。龐文卿醫生為司理。以醫術高明。深得政紳商各界之信仰。且存心濟世。對貧病者一概施醫贈藥。所至較澳門尤為繁榮。惟其目的在於聯絡同志以謀革命。業餘之外。所交結者往還者有區鳳墀左斗山程璧光程奎光劉學詢尤列王質甫陸皓東魏友琴程耀宸諸人。開業未及一載，以交遊日廣。所費浩大。藥局資金多挪作別用。是冬遂有不支之勢。尋赴香港。擬向親友再集資補充。亦無所得。乃派陳少白至廣州結束所業。

機關名稱	所在地	主要人姓名
廣州聖教書樓	廣州雙門底	左斗山孫總理王質甫

聖教書樓在廣州雙門底。係耶教徒左斗山所設。其司事人曰王質甫。專經售上海廣學會及大同

學會出版各新學書籍。粵人言新學者咸奉爲東道主。店內後進爲基督教禮拜堂。每星期講道由王質甫牧師兼任之。孫總理與左王二人均屬同道至好。初假書樓一角設醫務分所。以利便城內病者。繼在後進禮拜堂密設會所。供同志政談之需。除左王二人外。鄭士良陸皓東區鳳墀陳少白尤列等常往來其間。乙未興中會謀起義時嘗假書樓後進貯藏軍械及祕密文件。及事洩。左王等乃盡投入井中。王聞風逃脫。左被逮。賴美國領事保釋得免。

廣州廣雅書局抗風軒　廣州城南廣　尤列孫總理程奎光

尤列原出身於城南廣雅書院內廣東輿圖局。以其介紹。假得局內南園抗風軒爲同志聚談所。孫總理及尤列陸皓東魏友琴程璧光程奎光程耀宸諸人恆在軒內議論時政。總理嘗提議組織革命團體。惟未成事。

革命運動第八年甲午

民國紀元前十八年
清光緒二十年
陽曆一八九四年

機關名稱	所在地	關係人
上海名利棧機關	上海三洋涇橋	孫總理陸皓東

癸巳年十二月。孫總理因廣州東西藥局營業失敗。遂回翠亨鄉與家人團聚十餘日。始赴香港。及晤陳少白。乃出其在鄉所草上直隸李鴻章書稿。與少白斟酌字句。謂吾輩革命有二途徑。一爲中央革命。一爲地方革命。如此項條陳得鴻章採納。則借此進身可以實行中央革命。較地方革命爲事半功倍。少白亦以爲然。至甲午春。遂偕陸皓東買舟北上。陸原名中桂。與總理同鄉同學。總理幼時嘗破毀翠亨鄉神廟神像。卽與皓東共同爲之。後任上海電報局譯電生。總理以其熟諳上海情形。邀之同行。旣抵滬。暫寓三洋涇橋名利客棧。藉港友函介。分訪王韜鄭觀應諸人。韜號紫銓。曾中太平天國狀元。洪秀全敗後。隱於香港。任循環日報主筆。別號天南遯叟。總理出示上李書稿。韜深爲贊許。僅代修訂數語。並爲函介於直督幕友羅豐祿徐秋畦等。觀應號陶齋。卽盛世危言著者。總

理在雅麗士醫校時。嘗去函研討改革時政意見。鄭著易版數次。政見頗與總理吻合。職是之由。時總理復結識陳廷威宋躍如二人。廷威爲水師將弁。由官廳紹介相識。乙未（民前十七年）曾應總理招。回粵參加義舉。躍如字嘉樹。粵之瓊州人。爲耶教傳道士。

天津佛照樓機關　天津法租界　孫總理陸皓東

孫總理偕陸皓東於是年夏間行抵天津。寄寓法國租界佛滿樓客棧。旋得港滬友人介函訪直督幕僚羅豐祿徐秋畦等，道達上書意見。羅徐均允爲從旁協助。旋將上李鴻章書投遞。洋洋五千餘言。切中時弊。尤特重振興農業。時中日二國因朝鮮東學黨亂事交涉緊張。鴻章藉辭軍務匆忙。拒絕延見。僅由羅豐祿代領得農桑會出國籌款護照一紙。總理由是深知清廷腐敗無可救藥。且亦不能貸以進行中央革命。遂決計乘中日交涉失敗舉國人心憤恨之機會。自赴美洲向華僑募款。回國實行起兵計畫。

檀香山茂宜牧場　夏威夷島　孫德彰孫總理

孫總理偕陸皓東於是歲夏秋間由津南下。即於是秋隻身自上海買舟重赴檀香山。隨向舊日親友集資回國實行反清反漢之義舉。總理少在檀島耶教學校肄業。同學及故舊至衆。乃兄德彰（原名眉字壽屏）爲茂宜島大畜牧家。其牧場廣千數百畝。有茂宜王之稱。總理莅檀後。先赴茂宜牧場就商於乃兄。德彰首贊成之。自願劃撥財產一部爲助。更移書檀中各親友爲總理先容。興中會之成立。德彰之力爲多焉。

檀香山興中會　夏威夷島　孫總理何寬鄧蔭南

其時檀島華僑風氣尚極閉塞。聞孫總理有作亂謀反言論。咸謂足以破家滅族。雖親戚故舊。亦多掩耳驚走。經總理多方遊說。奔走逾月。僅得同志數十人。冬十月間假卑涉銀行華經理何寬宅開第一次成立會。列席者有何寬李昌劉祥黃華恢程蔚南鄭金鄧松盛（號蔭南）鄭金鄭照黃亮鍾本賢許直臣李多馬李祿卓海林鑑泉鍾宇劉壽曹彩劉卓宋居仁夏百子侯艾泉李杞等二十餘人。總理爲主席。卽由總理提議定名曰興中會。規定以「振興中華挽救危局」爲宗旨。幷寘佈所起草章程九條。衆無異議。遂依章程規定投票選出永和泰商號司理劉祥及何寬二人爲檀埠本會正副主席。永和泰商號司賬黃華恢爲管庫。程蔚南許直臣爲正副文案。李昌鄭金鄧松蔭黃亮李祿李多馬鍾宇林鑑泉等爲値理。章程內載每會員應納會底銀五元。另設銀會。集股舉辦公家事業。每股科銀十元。成功後收回本利百元。文中尚不便明言籌餉起兵字樣。以免會員有所戒懼。蓋其時華僑尚多不脫故鄉廬幕思想。惴惴於滿淸所派公使領事之藉辭構陷也。會畢。總理令各會員塡寫入會盟書。其辭曰「聯盟人某省某縣人某某驅除韃虜恢復中國創立合衆政府。倘有貳心。神明鑑察。」宣誓時由李昌朗誦誓辭。各以左手置耶教聖經上。舉右手向天依次讀之。如儀而散。自是陸續入會者尚有孫德彰楊文納楊德初衞積益李光輝陸燦葉桂芳尹煜傳鄧德明容吉兆簡永照張福如許帝有鄭仲昭伍雲生程祖安劉森陸望華鄭發古義等九十餘人。會員總數約一百三十八。是月二十七日（陽曆十一月二十四日）開始收取會員底銀及銀會股銀。月餘所得僅美金千餘元。總理以事機日迫。急於返國。而所集戔戔之數。去所預算需要之數尚遠。爲是異常焦灼。德彰聞之。乃更以每頭六七元之價賤售其牛牲一部。以充義餉。鄧松盛亦盡變賣其商店及農場。表示一去不返之決心。總理綜合各款。所得僅美金六千餘元。伸香港幣約一萬三千元。遂於十二月間取途返國。

檀香山華僑兵操隊　夏威夷島　孫總理李杞侯艾泉

檀香山興中會既成立。孫總理復提議組織華僑兵操隊。使各會員同受軍事訓練。以便回國起義。各會員欣然贊成。卽假總理前業師芙蘭締文牧師所設尋眞書室之校外操場爲兵操之用。各會員報名者。有鄧松盛李杞侯艾泉鄭金鄭照許直臣杜守傳程蔚臣宋居仁陳南夏百子陸燦等二十餘人。延一丹麥國人名柏者爲教師。每星期操練二次。柏前曾到中國充南洋練兵教習。饒有經驗。總理歸國後。各會員先後返香港參加義舉者。有鄧松盛宋居仁李杞侯艾泉陳南夏百子諸人。乙未失敗後。淸吏黨案通緝名單多數有名。

革命運動第九年乙未

民國紀元前十九年　清光緒二十一年　陽曆一八九五年

機關名稱	所在地	主要人姓名
香港興中會總部	香港士丹頓街	孫總理楊衢雲黃詠襄

乙未正月初旬。孫總理自檀香山歸抵香港。即召集舊友陸皓東鄭士良陳少白楊鶴齡區鳳墀等創設興中會總部。并擬聯合各地同志擴大檀香山興中會之組織。以利進行。因素知輔仁文社社員楊衢雲謝讚泰等平日宗旨相同。遂與接洽組黨事件。衢雲等欣然贊成。港僑於是陸續締盟者。更有謝讚泰黃詠襄周昭岳余育之徐善亭朱貴全丘四等數十人。籌備既竣。即於是月下旬租定中環士丹頓街門牌十三號爲總會所。榜其名曰乾亨行。藉避警探耳目。二十七日開成立會。會名仍稱興中會。凡入會者須一律高舉右手向天宣誓。其誓辭曰。驅除韃虜。恢復中華。創立合衆政府。倘有貳心。神明鑒察。更將檀香山所定章程修正爲十條。并規定總會支會之權限。以資遵守。總會成立後。衆議決定在廣州籌備大舉。推定總理駐廣州擔任軍務。鄭士良陸皓東鄧蔭南陳少白等

佐之。衢雲駐港專任後方接應及財政事務。黃詠襄謝讚泰等佐之。二月二十日復議決遴選健兒三千人由港乘輪船至廣州起事之策略。陸皓東提議用青天白日旗式以代滿清之黃龍旗。亦於是日通過。是秋七月各方運動將次成熟。衆以乾亨行漸有警探窺伺。遂於是月初八日撤消之。八月二十二日衆以發難在卽。始投票選舉會長。名之曰伯理璽天德。此職卽起事後之合衆政府大總統也。時會中分孫楊兩派。衢雲要求此席甚力。鄭士良陳少白力反對之。總理不欲因此惹起黨內糾紛。表示謙退。力誡士良少白勿與競爭。結果此席爲衢雲所得。迨九月重陽廣州之役旣敗。香港總會因而全體瓦解。至己亥（民前十三年）冬總理派陳少白自日本回港組織中國日報。爲興中會宣傳機關，並恢復興中會與海外各埠同志之關係。興中會之勢力乃爲之一振。

廣州興中會　　廣州雙門底　　孫總理陸皓東鄭士良

興中會總部決議在粵大舉後。孫總理卽偕鄭士良陸皓東陳少白鄧蔭南等赴廣州設立分會。租得雙門底王家祠雲崗別墅爲會所。外假農學會名義。以掩飾外界耳目。由總理手訂農學會章程若干條。極言中國非研究農學振興農業決不足以致富強之理。語極動聽。粵中官紳潘寶璜潘寶琳劉學詢等署名贊助者數十人。無有疑爲挾有危險性質者。蓋總理前於壬辰癸巳兩年在羊城開設東西藥局時。已藉醫術納交於官紳士商各界。大吏鉅紳等以其學術優越。咸器重之。此次總理得以措置裕如。經營順利。實爲兩載以前播種所致。在粵機關成立之後。同志加入興中會者。較香港尤爲踴躍。先後塡寫誓約者。有左斗山魏友琴程奎光程璧光程耀宸陳廷威王質甫朱琪朱浩湯才陳煥洲吳子材梁大炮李芝劉秉祥黃麗彬莫亨程懷程次梁榮蘇復初等數百人。復添設分機關多處。以容納往來同志及貯藏祕密文件。籌備半載。城內防營及水師與附城各處綠林泰半聯絡就範。至八月間。各方蕩動漸臻成熟。香港總部遂定期於九月重陽日舉事，預定由主要黨員率領香港會黨三千人。於是月初八晚乘夜輪進省。並用木桶裝載短鎗。充作膠坭。瞞報稅關。初九晨抵省垣時。齊用刀斧劈開木桶。取出鎗械。首先向各重要衙署進攻。同時埋伏水上及附城之會黨。則分爲北江順德香山潮州惠州數大隊。分路響應。更由陳清帶領炸彈隊在各要區施放炸彈。以壯聲勢。討滿檄文及安民布告由朱琪起草。先期印就。備到時張貼城內外。英文對外宣言由香港總部預請何啓博士起草。以便到時通告各國。要求承認爲民主國家交戰團體。一切計畫頗爲周密。及初八日楊衢雲在港以佈置尚未完備。遽電告粵機關請須延期二日。至初十晚。派丘四朱貴全率領散處新安深圳鹽田沙頭各地集中九龍之會黨先鋒隊二百餘人乘保安輪船晉省。然在此猶豫期間。已爲駐港密探韋玉偵知。遂電告粵吏使爲戒備。同時黨軍所私運短鎗六百餘桿亦爲海關發覺。粵督譚鍾麟於初十日聞報。急調駐長洲之營勇一千五百人回省防衛。並令李家焯率兵至王家祠鹹蝦欄等處搜獲黨人陸皓東程耀臣程奎光程懷劉次梁榮等六人及軍器軍衣鐵釜等物。總理於是早聞報事洩。急電香港楊衢雲以止辦二字。令勿派人來省。詎此電到時。人及鎗枝均已下船。無從阻截。衢雲祇得覆電以「接電太遲貨已下船請接」之十字。當保安輪船由香港啓碇後。黨人所備用之洋鎗七箱。因船中貨物移易位置。七箱之上忽爲多數雜貨所積壓。臨時無法取用。黨人失此武器。如缺左右手。及該輪抵廣州時。南海縣令李徵庸及巡勇管帶李家焯已率兵在碼頭嚴密截緝。捕獲丘四朱貴全等四十餘人。餘黨知大事已去。一鬨而散。譚督以事情重大。特令南番兩縣嚴刑審訊。陸皓東等慷慨激昂。直認不諱。至九月二十一日。譚督遂令營務處籤提陸皓東丘四朱貴全三名至校場殺害。其曾任廣東水師統帶之程奎光一人。在營務處受軍棍六百死。程耀宸禁大有倉後死。餘外程懷程次梁榮等六十餘人。一律指爲愚民被惑。分別開釋。另懸重賞購拿孫文楊衢雲朱浩湯才王質甫陳少白魏友琴侯艾泉李杞劉裕祥吳子材李芝夏百子莫亨黃麗彬等十餘人。當事洩時。鄭士良陳少白區鳳墀侯艾泉李杞王質甫等聞訊。即已先後離粵。總理於敗後三日。尙匿跡城內。因搜索嚴密。未敢外出。十日後始僱小火輪從間道走澳門。返香港。未幾粵督派委員赴港要求引渡黨人。港督乃判令孫文楊衢雲李少白三人出境五年。總理因是偕少白士良二人東渡日本。

廣州鹹蝦欄張公館　廣州市東門外　陳清程耀宸

東門外鹹蝦欄張公館係興中會招待各方同志之分機關。陳清炸彈隊卽在此屋製造炸藥及裝配炸彈。陳清夏百子陳南程耀宸梁榮等在此居住。初十日事洩。被軍警大隊圍捕。程耀宸梁榮二人被逮。

香港杏花樓　香港皇后大道西　孫總理楊衢雲何啓

杏花樓在香港西營盤。乃港地有名之大酒樓。興中會員常假之開祕密會議。秋七月初八日廣州軍事籌備已竣。總部乾亨行頗有警探窺伺。故決將該行門面取消。翌日初九孫總理楊衢雲等即假杏花樓開會。何啓博士及德臣西報記者黎德亦被邀參加。何爲議政局議員。雅麗士醫院創辦人。與總理有師生之誼。向同情革命。黎德亦然。興中會預擬發表之英文對外宣言即二人所起草。是日開會。衆推何博士主席。議決攻取廣州方略甚詳。

北江起義部隊　廣東英德　梁大礮鄭士良

梁大礮爲北江英德清遠花縣一帶著名會黨首領。孫總理預派鄭士良前往聯絡成熟。約定於廣州發難時。即率領會黨大隊赴城接應。

香山起義部隊　廣東香山　李杞侯艾泉

檀香山華僑李杞侯艾泉與香山縣隆都等處民軍素有關係。是歲春夏間回國。孫總理即派遣至石岐縣城籌備軍事。預定於廣州起事時即率民軍佔據香山順德新安各縣。以爲聲援。

橫濱文經印刷店　日本橫濱山下町　馮鏡如

文經印刷店開設於橫濱山下町五十三番地。係粵省南海縣人馮鏡如手創三十餘年之老號。馮父展揚公早年因太平天國黨案。被清吏捕繫南海縣監瘐死獄中。故鏡如幼年卽東渡日本。設肆自給。甲午中日構衅。更毅然剪除辮髮。以示決絕。孫總理於甲午臘月由檀島返國舟過橫濱時。聞馮狹名。曾託船上行商陳清贈馮以興中會章程一束。請其在日設會進行。及是秋興中會失敗。遂偕鄭士良陳少白二人避地橫濱。首訪鏡如於文經商店。一見如故。鏡如立闢樓上一室以居之。半月後總理遂偕鏡如組織興中分會。幷將攜來宣傳品揚州十日記及原君原臣（黃梨州著明夷待訪錄選本）二種。交馮由文經號印刷萬卷分送海外各埠。

橫濱興中會　　日本橫濱山下町　　馮鏡如馮紫珊譚發

橫濱興中會會所在山下町一百七十五番地。在成立前。已由馮鏡如邀請其弟紫珊（致生印刷店主人）及友好譚有發（均昌洋服店主人）趙嶧琴（廣福源商號主人）趙明樂（廣福源商號主人）黎炳垣（法國郵船公司華經理）溫遇貴（某洋行買辦）黎簡卿（東昌打包店主人）等在文經商店二樓開會。介紹孫總理等與各人相見。卽席提議組織興中分會。衆皆贊成。於是次第填寫盟書。宣布成立。衆舉鏡如為會長。趙明樂為管庫。趙嶧琴為書記。紫珊有發炳垣等爲幹事。及新會所成立。繼續加入者有溫芬（炳臣）鄭曉初陳才陳和黃焯文陳植雲馮懋龍（後易名自由）等十餘人。以懋龍年齡爲最少。時僅十四歲耳。是時旅日華僑尙多目革命排滿爲大逆不道。故會員咸有戒心。每次開會通知書皆不欲假手於日本下女。槪由小會員馮懋龍分別派送。冬十二月總理決意遠遊美洲。擬向華僑集資爲捲土重來之計。因向各同志商借五百元充旅費。詎各同志多以有心無力對。趙明樂且辭退管庫一職。鏡如紫珊兄弟二人乃合措五百元以應之。總理於是以此款百元供少白斷髮改裝之需。另以百元給士良。使回港收拾餘衆。以備再舉。然後隻身再渡檀島。迨總理離日未久。各會員供給月費者漸少。鏡如等以經費無着。遂將會所取消。凡有會務均假文經商店二樓開會決之。同時少白仍移居文經號助鏡如編輯華英字典。即當年盛行之馮鏡如華英大字典是也。其後興中會會務以少白不善交際。迄無起色。至丁酉（民前十五年）秋總理由歐東歸。舊會員未變宗旨者不過七八人而已。

革命運動第十年丙申

民國紀元前十六年
清光緒二十二年
陽曆一八九六年

機關名稱	所在地	主要人姓名
檀香山何寬住宅	夏威夷島	孫總理何寬

乙未冬十二月。孫總理自日本重蒞檀島。寓舊伺親畢涉銀行華經理何寬住宅。初擬向會友集資回粵。以圖再舉。適是時駐檀清領事已奉虜廷命令調查在檀興中會員姓名籍貫。藉以查抄原籍家產。而香山知縣查封翠亨鄉孫姓房產之消息。亦傳遍一時。因是各會員大有戒心。除何寬鍾宇許直臣李昌鄭金鄭照程蔚南黃亮林鑑泉十餘人外。多不敢與總理照常往還。總理留檀半載。多方活動。均難收效。乃兄德彰及何寬等均謂當此新敗之餘。人心咸懷疑懼。在檀進行。徒費心力。美洲華僑較衆。當有可爲。宜改從新方面入手等語。總理從之。遂於丙申夏六月首途渡美。

機關名稱	所在地	主要人姓名
杜蘭斯華興中會	南非洲	楊衢雲霍汝丁黎民占

楊衢雲於乙未重陽廣州一役失敗之後。即漫遊越南及南洋羣島印度南非洲各地。嘗任南非洲

杜蘭斯華之約翰尼士堡及彼得馬尼士堡兩埠設立興中分會。得同志黎民占霍汝丁（勝剛）王熾王淮陳妹何熾馬子方馬康何益江均何禧梁伯佳等數十人。經衢雲熱烈宣傳會務頗形發達。丙申年十月。衢雲揚言將回國起義。衆多醵金助之。民占且賤售其商店事業從行。及抵香港。衢雲以港地不能立足。遂之橫濱。以教授英文自贍。民占居港日久。旅囊告竭。竟鬱鬱以終。嗣後南非黨員皆寂然無聞。獨有約翰尼士堡埠黨員霍汝丁於民初返國。曾投資於李其所創辦之江南疊萃實業公司。後數年復開設萃文書店於香港荷理活道六十號。專經營書籍文具事業。此店至今猶存。汝丁於民三十四年逝於香港。

舊金山興中會　　美國加省　　孫總理鄺華太

孫總理於是夏六月抵舊金山。初憑教友介函往謁牧師陳翰芬。復由陳介見教友何柏如鄺華太等。是時旅美華僑風氣異常閉塞。十九缺乏國家思想。與談革命排滿。莫不掩耳驚走。在耶教徒中因同情總理而加入興中會者。僅鄺華太等數人耳。華僑團體名目繁多。中以洪門致公堂爲最鉅。其會員佔全美僑胞十之八九。宗旨爲反清復明。卽廣東三合會之支派。但以代遠年湮。多已忘却本來面目。總理在粵嘗由鄭士良獲知洪門內容。惟以未列會籍。故抵美後。雖屢訪致公堂父老解說革命宗旨。聞者仍以門外漢視之。居美西數月。收效甚微。乃將興中會事務委託鄺華太辦理。鄺時肄業加省大學。最熱心革命。卽以所居舊金山華盛頓街九一六號為興中會通信處。

倫敦葛蘭旅館　英國倫敦　孫總理

孫總理離美西後。復在紐約埠逗留數月。至八月中旬始取途前往英國。廿五日抵倫敦。寓葛蘭旅店街八號葛蘭旅館。時駐英清公使龔照瑗早得北京政府電。令設法拿獲孫某押送回國。龔使乃委託司賴特私家偵探社密查總理行止隨時報告。使館隨員有名鄧廷鏗者。與總理為舊識。某日遇總理於道。乃邀往使館話舊。總理不虞有詐。貿然從之。及入門。則使館已設阱以待。遂被拘禁使館三樓一小室中。龔使且租得克來公司輪船。尅日用貨箱裝運總理回國獻功。總理被囚六日。束手無策。最後以基督救人眞理感動僕役名柯爾者。使向前業師康德黎毛生兩醫士告密。康毛得訊。卽向英當局求援。英相沙士勃雷侯遂向龔使嚴辭責難。倫敦各報館亦紛紛羣起攻擊。至九月十八日。龔使遂不得不禮送總理出館。總理脫網後。仍住葛蘭旅店。每日必至大英圖書館研究政治社會經濟軍事史地諸學。孜孜不倦。時有青年名摩根者。慕總理名。願隨至中國效力革命。總理尤於機會到時作函招之。摩根卽庚子（民前十二年）在廣州轟炸撫署之史堅如案得力助手也。總理居英九閱月。至丁酉年（民前十五年）七月始經由加拿大乘印度皇后船轉返日本。

倫敦康德黎寓　　英國倫敦　　康德黎孫總理

前香港雅麗士醫學院掌教康德黎寓倫敦狄汪色街四十六號。孫總理自廣州失敗後。嘗在檀香山遇康夫婦於道。康堅約其蒞英時相訪。及抵英。每日必造康寓敍談。自清使館脫離後。卽移康寓小住。相處有如家人。是年總理應英格蘭醫學會囑託。譯成赤十字救傷第一法一書。在倫敦出版。卽康所介紹。又是時各國人士到康寓訪問總理者日衆。總理疲於應付。因著倫敦被難記詳述經過。以饜衆望。

橫濱三餘軒別墅　　日本橫濱　　馮鏡如馮紫珊黎炳垣

此乃橫濱華僑商界馮鏡如馮紫珊黎炳垣梁達卿盧桂園等所組織之小俱樂部。地在山下町唐人街。會員多屬興中會籍。孫總理楊衢雲陳少白三人常假爲政談之所。丁酉年秋。鏡如等在三餘軒開會。決定發起開設學校以教育華僑子弟。少白爲定名「中西二字。」幷介紹梁啓超任校長。該校總理鄺汝磐於是冬持少白介函訪康有爲於上海。康謂啓超無暇赴日。特派徐勤代之。且代易名大同學校。勤抵日後。初與孫楊陳等頗有往還。及戊戌（民前十四年）夏清室變法。康門師徒皆彈冠相慶。漸與革命黨疏遠。旋復創立保皇會。大排革命。是爲日後兩黨衝突之主因。

橫濱修竹寄廬　　日本橫濱　　温炳臣梁麒生

修竹寄廬爲橫濱華僑洋行職員之小俱樂部。係温炳臣梁麒生關谷聲梁紹南等所組織。麒生乃文經商店書記。馮鏡如派其專任招待孫總理事務。故總理與楊衢雲陳少白恆假修竹爲宴遊之所。是秋總理由歐陸東歸。不久即覓地與衢雲約會。切責其於乙未廣州一役貽誤機要之非。衢雲俯首無辭。所約會之地。即修竹寄廬也。

革命運動第十一年丁酉

民國前十五年
清光緒二十三年
陽曆一八九七年

機關名稱	所在地	主要人姓名
台北興中會	台灣台北	陳少白楊心如容祺年

興中會會員楊鶴齡有族弟名心如者。亦興中會員也。乙未九月廣州失敗後卽赴台灣謀生。充任台北永樂町美時洋行買辦。陳少白於丁酉年至台灣訪之。遂結識僑商容祺年吳文秀趙滿潮數人。共組織興中分會。惟因黨員不多。未設會所。卽以心如居宅充之。其後此地會員對於祖國無所表見。心如於民國後留滯台灣多年。迄未返國。至民二十六年後。始在台灣逝世。

機關名稱	所在地	主要人姓名
東京中山樵寓	日本東京	孫總理宮崎寅藏平山周

乙未孫總理離日後。陳少白旋結識日本志士曾根俊虎宮崎寅藏、平山周等。及是秋總理由歐抵橫濱。日本進步黨首領犬養毅夙主張東亞同盟之說。特派宮崎迎總理至東京。一見如故。復稅屋以居總理。派平山作居招待。總理乃從東俗自稱中山樵。門署中山方三字。藉掩耳目。犬養宮崎吏

先後介紹日本名流大隈重信副島種臣尾崎行雄大石正巳頭山滿秋山定輔菅野長知山田良政福本誠內田良平末永節等爲友。是爲我國革命黨與日民黨訂交之始。

橫濱衢雲英文學校　日本橫濱　楊衢雲王質甫

是年春楊衢雲自南非洲經香港赴日本。抵橫濱後。以家費困難。乃開設英文夜學校以自給。華僑子弟從之者數十人。未幾廣州聖教書樓經理王質甫亦因黨案避難到日。亦下榻校中。是冬謝讚泰康廣仁在香港合謀與中會與康黨聯合救國之活動。囑衢雲在東進行。衢雲遂約馮鏡如分途向雙方接洽。奔走半載。終以康有爲夜郎自大。不願與革命黨合作。致妨礙仕途而止。

革命運動第十二年戊戌

民國前十四年
清光緒二十四年
陽曆一八九八年

機關名稱	所在地	主要人姓名
橫濱大同學校	日本橫濱	馮鏡如徐勤

大同學校初爲橫濱興中會會長馮鏡如約合該埠新派僑商集資創建。時革命黨師資人才缺乏。故由陳少白推薦上海時務報主筆梁啓超充任校長。康有爲與少白爲舊識。以啓超方任湖南長沙時務學堂掌教。乃以徐勤代之。是年正月開學。所延教員皆康門子弟。諸生課本書面一律大書「國恥未雪民生多艱每飯不忘勗哉小子」之標語。提倡愛國精神。不遺餘力。其初徐勤及各教員與孫總理楊衢雲陳少白等往還頗密。後以其師漸得清帝眷顧。深恐爲革命黨所牽累。遂與總理等日漸疏遠。而一部僑商亦多趨炎附勢。或爲「名爲保皇實則革命」之邪說所誘惑。由是該校全入康黨勢力範圍。成一喧賓奪主之局。但出身該校之學生反對保皇倡導革命者。亦不乏人。以馮懋龍（自由）馮斯欒（自強）鄭貫一（自立）蘇子穀（曼殊）李自重等五人爲最著。

橫濱華僑學校　日本橫濱　趙嶧琴郭外峯廖翼朋

橫濱華僑所設大同學校自爲康梁黨徒包辦後。因專用粵語教授。及強逼耶穌教徒子弟向孔子像拜跪事。埠中三江幫商人及耶穌教徒羣起反對。遂有江浙派之郭外峯。耶穌教之趙明樂趙嶧琴李卓生關國義中和堂之翟美徒楊少佳廖翼朋。中立派之鮑偉昭盧榮彬諸人。集資另創華僑學校。以爲之抗。總董爲華俄道勝銀行買辦郭外峯。而趙嶧琴廖翼朋二人副之。是校成立於戊戌年秋冬間。前後所延教員有廖雲翔（卓菴）楊計伯桂廷鑾（少偉）胡毅生梁新武（博君）陸蘊雲諸人。雖非革命黨所組織。然其發起人及教員多與革命黨有直接間接之關係。橫濱華僑子弟不致全受保皇邪說所蠱惑者。賴有此耳。

橫濱中和堂　日本橫濱　尤列鮑唐翟美徒

中和堂者。橫濱華僑工界所組織之小俱樂部也。地點設在山下町唐人街之一角二樓。最初並無名稱。形式簡陋頑固。彷彿一普通之海員來往棲宿所。卽俗所謂行船館者。堂中設關羽神像。每值神誕及節令等日。會員恆大會歡飲。歌唱粵曲。鑼鼓喧天。徹夜不休。其創立時期遠在丙申丁酉間。

與革命黨人初無何等關係。戊戌年夏。興中會員尤列莅日本。其人素以聯絡工界見長。遂設法與該團體主持人鮑唐楊少佳陳澤景等接近親暱。鮑等以尤善於辭令。頗禮重之。尤乃爲該團體定名曰忠和堂。并使訂閱上海香港日報數份以開通之。是爲中和堂立名之始。是年冬。橫濱華僑各界以康梁黨徒藉大同學校名義。侵佔中華會館公産。羣起反對。忠和堂亦爲反對派有力團體之一。是時大同學校校長徐勤方大倡孔教。藉口該堂崇祀關羽。譏爲迷信神權之下流社會。該堂中人尤爲憤激。惟以內部缺乏文士。指導乏人。特請興中會員陳少白爲顧問。代計畫興革事宜，少白謂忠和二字之意義。不如中和之切當。爲易名曰中和堂。并使撤去關羽神像。破除迷信。以便耶穌教徒之加入。衆欣然從之。未幾耶穌教徒翟美徒等十餘人次第加入該堂爲會員。翟爲德國某洋行書記。兼英文夜校教員。與少白爲舊交。次年衆舉翟爲會長。而堂務乃日漸進展。自是凡有革命黨名流行抵當地。輒延之演講時事。故與興中會有相當關係。

橫濱中山方　　橫濱前田橋　　孫總理陳少白尤列

是秋孫總理設行館於橫濱前田町一百二十一番地。門外署中山方三字。陳少白尤列亦下榻於此。各地興中會員及日本志士我國留學生多往來其間。後二年協助菲律賓獨立。及庚子（民前十二年）秋惠州廣州二役。以此爲策源地。

台灣台北日報　　台灣台北　　章炳麟

浙江志士章炳麟因上海時務報關係被清政府通緝。逃至台灣台北日報延充主筆。時作排滿論文。幷忠告康梁早日脫離清室。同倡革命。

革命運動第十三年己亥

民國前十三年 清光緒二十五年 陽曆一八九八年

機關名稱	所在地	主要人姓名
東京高等大同學校	東京牛込區	梁啓超柏原文次郎

己亥年九月。梁啓超向橫濱華商鄭席儒曾卓軒等募款三千元。創設高等大同學校於東京牛込區東五軒町。從學者有前湖南時務學堂舊生林錫圭（述唐）秦鼎彝（力山）范源濂（靜生）李羣（彬四）蔡艮寅（松坡後改名鍔）周宏業（伯勛）陳爲璜唐才質（法塵）蔡鍾浩田邦璿李炳寰等十餘人。橫濱大同學校學生馮自由鄭貫一馮斯欒曾廣勷鄭雲漢張汝智等七人。梁自任校長。日人柏原文太郎爲幹事。時梁方與孫總理楊衢雲陳少白諸人往還頗密。且有聯合組黨之計劃。故所取教材多採用英法名儒之自由平等天賦人權諸學說。諸生由是高談革命。各以盧騷福祿特爾丹頓羅伯斯比爾華盛頓相期許。是時我國留東學生全數不滿百人。以主張排滿之戢翼翬（元丞）沈翔雲（虬齋）等爲最激烈。戢沈每至大同學校訪友。恆流連達旦。此外

尙有北洋官費生黎科金邦平鄭丞煜鄭葆丞張煜全傅良弼諸人亦持革命論調。與總理及梁啓超時相過從。庚子（民前十二年）夏秋間。唐才常謀在漢口發難。預約留學中有志者返國相助。大同學校湘籍學生與唐有師生關係。聞命赴義者有林錫圭秦力山田邦璿李炳寰蔡鍾浩等。校外留學生則有傅良弼吳祿貞蔡丞煜黎科戢元丞鄭葆丞等。是役以期前事洩失敗。除力山祿貞元丞走脫外。餘人先後就逮被殺。先是。梁啓超因在淸議報漸發揮排滿言論。深爲康有爲所不滿。康於己亥十二月派葉覺邁攜旅費至日。立逼梁即赴檀香山設保皇會。另派麥孟華代理校務。麥以諸生咸心醉民族主義。與保皇會宗旨不合。遂廢止漢文講席。而改爲攻讀日文之專修學校。及漢口之役失敗。校中經費不繼。勢將解散。乃由日人柏原向日政黨募款。在小石川區建築新校舍。易名曰東亞商業學校。

橫濱菲律濱代表寓　橫濱山下町　彭西孫總理平山周

是歲四月美人派兵助菲律濱獨立軍脫離西班牙覊絆。西軍敗。美人悔約。菲島獨立軍首領阿坤鴉度轉而抗美。因缺械。被美軍屈服。阿乃通電求援於亞洲各國。並派代表彭西駐日本設法購運軍械。圖再舉。特設辦事處於橫濱山下町。彭慕孫總理俠義。且與日民黨有關。遂請總理協助。以購械全權相託。總理允之。願親率興中會員及日本有志者先助菲人獨立。功成轉兵力回華起義。彭轉報阿。阿甚韙其議。總理遂派日同志平山遠藤數人赴菲佈置軍事。並由犬養毅介紹衆議院議員中村彌六經理購械租船二事。十二月械既購備。即僱三井洋行輪船布引丸。定期翌年一月運載赴菲。後竟在途上遇險沉沒。運械員日人林及高野二人殉之。

東京九段體育會　東京飯田町　林錫圭蔡艮寅

是年秋冬間日本飯田町九段體育會開幕。高等大同學校學生蔡錫圭蔡艮寅馮自由鄭貫公等全體學生報名加入。每二日習兵式體操及實習射擊二小時。次年庚子富有票之役。該校學生殉難者十餘人。其後數年黃興亦入此會獲得射擊錦標。

東京紅葉館送別會　東京芝區　孫總理梁啓超唐才常

是歲秋冬間。唐才常畢永年史堅如等先後抵日本。與孫總理梁啓超林錫圭商榷長江各省起義計畫。並約留東志士多人回國相助。留學界願參加者。有湘人林錫圭秦力山李炳寰蔡鍾浩田邦璇。鄂人吳祿貞劉伯剛吳念慈戢翼翬傅慈祥。粵人黎科。閩人鄭葆晟。燕人蔡丞煜等十餘人。梁啓超沈翔雲戢翼翬等特在芝區紅葉館設筵祖餞。總理楊衢雲陳少白史堅如宮崎寅藏平山周諸人咸被邀作陪。錫圭字述唐。於湘鄂各省會黨情形最爲熟悉。實爲一行人之主腦。瀕行向總理請益。總理介紹興中會員漢口某俄國洋行買辦容星橋助之。庚子漢口自立軍之活動。大得其力。

香港中國日報　香港士丹利街　陳少白李紀堂馮自由

中國日報爲革命黨組織言論機關之元祖。孫總理於己亥年秋間始派陳少白至香港籌辦進行。所有機器鉛字概由總理在橫濱購運。至是年十二月下旬乃告出版。其社址設於士丹利街二十四號。少白自任社長。初期助理筆政者。有洪孝充陸伯周楊肖歐陳春生黃魯逸諸人。初以不審英人對華政策所在。未敢公然大倡革命排滿之說。半載後措辭始漸激烈。從前各地中文報紙排印俱用長行直行。獨中國日報首仿日本報式。作横行短行。令讀者耳目爲之一新。此報除日刊外。兼出十日刊一種。定名中國旬報。附以鼓吹錄。專以遊戲文章歌謠譏刺時政。是爲吾國報紙設置諧文歌謠之濫觴。庚子興中會迭謀策動廣州惠州軍事。其大本營即設於報社三樓。黨人出入絡繹不絕。及是歲閏八月惠州三州田一軍敗挫。報社財政亦形不支。賴同志富商李紀堂源源供應。得免歇業。辛丑壬寅癸卯甲辰（民國前八年至十一年）之四年。人心漸趨革命。報務日形發達。是時先後主持筆政者。復有鄭貫公陳詩仲黃世仲馮自由王軍演盧少岐丁雨宸梁襄武何冰甫何雅選盧信寥平子諸人。國內外各地報館之高談民族主義。與中國報相呼應者。亦繽紛並起。惟報社度支至癸卯年夏竟無法撑持。不得已合併於著名文具印刷店之文裕堂有限公司。得以暫維現狀。新公司設總理三人。少白與李紀堂容星橋分任之。星橋亦興中會員也。乙巳年（民國前七年）秋同盟會成立。總理派馮自由自日回港。佐少白辦理黨務報務。同盟分會亦附設於報館社長室。丙午年（民國前六年）秋文裕堂營業虧折。淪於破產。中國報以連帶關係。亦遭連同拍賣之厄。幸事前馮自由約同志李紀堂李煜堂數人。集資預向文裕堂承購報社全部產業。始不致爲保皇黨人所攙奪。是歲八月中國報改組。同時遷至上環德輔道三百〇一號。衆舉馮自由繼任社長。兼同盟分會會長。自後數年。報務黨務均具長足之進步。關於西南各省之軍務。如丁未（民國前五年）四月潮州黃崗之役。及同月惠州七女湖之役。五月廣州劉思復之謀炸李鴻。九月惠州汕尾運械之役等等。皆由同盟分會發動之。此外如欽廉鎮南關河口諸役。莫不由中國報報道消息。故此報實不啻爲全國革命黨人之總樞紐。其銷數之多寡。與人心之趨向革命與否爲正比例焉。己酉（民國前三年）冬同盟會南方支部成立。漸與香港分會劃分權限。中國報爲減縮計。亦移社址於荷理活道二百三十一號。未幾遂有庚戌（民國前二年）新正廣州新軍又五之一役。是役既敗。民黨元氣大傷。中國報原屬商辦性質。馮自由以羅掘俱窮。無力再辦。乃請南方支部特撥公款維持善後。自赴加拿大就溫高華埠大漢日報之聘。南方支部於是改派李以衡爲經理。謝英伯張紹軒等爲編輯。自癸卯後文裕堂合併時代至丙午後馮自由經理時代之七年間。中國報資本概由同志商人負擔。及庚戌三月以後。始由南方支部派人經理。其後南方支部以支應浩繁。不勝其擾。至辛亥（民國前一年）春。適有留美黨員李其歸國。支部乃以中國報經理一席畀之。是歲五月檀香山黨員盧信黃時初等願集資負責接辦中國日報。支部許之。及九月粵省光復。報社遷於廣州。至民國二年八月龍濟光入粵。遂被封禁停版。要之中國報歷史可區別爲三期。從己亥至乙巳之七年爲陳少白處理時期。從丙午至己酉之四年爲馮自由處理時期。從庚戌至辛亥之二年爲南方支部處理時期。以十七年三期間之大聲疾呼。卒能領導海內外輿論以傾覆清廷。重光漢業。殊非當日參預諸子所及料也。

橫濱清議報

日本橫濱山下町　梁啓超韓文舉區榘甲

戊戌七月清室政變。孫總理以同屬改革派關係。特派宮崎寅藏平山周二人分途赴北京香港二處營救康有爲梁啓超二人至日本。以便同商救亡之策。詎康梁抵日後。康自恃曾得清帝寵遇。恥與革命黨往還。梁感覺有設立言論機關之必要。遂於戊戌冬向僑商募資。在橫濱山下町發刊清議報。大倡保救清帝光緒之說。自任總撰述。韓文舉麥孟華區榘甲等佐之。出版數月。除歌頌光緒聖德及攻擊西太后榮祿袁世凱諸人外。幾無文字。所載譚嗣同著仁學及譯述日本柴四朗著佳人奇遇記內有排斥滿清論調。爲康有爲所見。遽命撕毀重印。且誡梁勿忘今上聖明。後宜謹愼從事。及康離日赴加拿大。梁與韓文舉區榘甲等漸與總理楊衢雲陳少白等相往還。意氣日盛。因而高唱自由平等學說。自號飲冰室主人。題其學說曰飲冰室自由書。頗爲世人歡迎。梁有別號曰任厂。至是亦改稱任公。以示脫離康氏羈絆之義。蓋康門徒侶多以厂字相稱。即爲源出康門之標記。

梁此舉卽所以表示其決心也。區榘甲亦有一文闡揚湯武革命。語極動聽。事爲康所知。深恐梁區等改紘易轍。於彼不利。遂命梁赴檀香山創設保皇會。區赴舊金山主持文興報。而使麥孟華專任淸議報筆政。凡有革命自由獨立自主等名辭。一律禁止登載。至已亥（民前十二年）冬以遭火災停版。

革命運動第十四年庚子

民國前十二年
清光緒二十六年
陽曆一九〇〇年

機關名稱	所在地	主要人姓名
香港革命黨聯合總會	香港中國報	孫總理畢永年李雲彪

己酉冬。孫總理派畢永年史堅如等赴漢口。邀集鄂湘兩省哥老會各龍頭赴香港開各派祕密會黨聯合大會。各龍頭先後到港者。有李雲彪張堯卿楊鴻鈞辜鴻恩辜天保李堃山等多人。鄭士良亦號召廣東三合會首領曾捷夫林海山曾儀卿等到會。均由中國日報鄭少白陳士良開館招待。楊衢雲知衆皆推尊總理。遂自辭興中會長一職。由衆舉總理代之。是年三月興中會哥老會三合會開聯合大會。共舉總理爲革命黨總會長。公派宮崎寅藏赴日。送呈新鑄總會長印信於總理。

機關名稱	所在地	主要人姓名
香港法國郵船會議	香港九龍碼頭	孫總理鄭士良楊衢雲

是年孫總理乘法國郵船往來日本香港南洋三次。因乙未年港政府不許入境之期限未滿。故每次過港時。均約各同志到法輪開會討論軍事。五月中旬偕楊衢雲及日人宮崎平山福本原口遠

藤山下伊東大崎伊藤岩崎等十餘人乘法輪烟狄斯號到港。即約鄭士良陳少白謝讚泰李紀堂等在船旁一小舟開會。議定衢與日志士留港伺機入惠州協助義軍發動。自偕英人摩根乘原船赴越南西貢。六月廿一日復偕宮崎摩根乘法輪由新加坡抵港。擬親率鄭士良等入惠州起義。以港政府預派軍警監視。不能登陸。迫得仍乘原船赴日。

東京譯書彙編　日本東京　楊廷棟楊蔭杭雷奮

此爲留日學界第一次發刊之雜誌。於庚子下半年出版。江蘇人楊廷棟楊蔭杭雷奮等主持之。專以編譯歐美法政名著爲宗旨。如盧騷之民約論。孟得斯鳩之萬法精理。約翰穆勒之自由原論。斯賓塞之代議政體。皆逐期登載。譯筆流麗典雅。風行一時。時人咸推爲留學界雜誌之元祖。自後各省學生次第倡辦月刊。吾國青年思想之進步。收效至巨。不得不謂「譯書彙編」實爲之倡。

衡州終南會　浙江金華　劉家福張恭沈榮卿

金華會爲老祕密會黨之一。初由湖南傳入江西。再由江西傳入浙江。以衡州爲最盛。凡萬雲龍華伏虎玉泉關帝諸會咸爲其分派。其正會主名何步鴻。副會主名李武。是歲會員劉家福在衢州起事失敗。革命黨人張恭沈榮卿曾投身此會。得升至會副之職。癸卯（民前九年）後孫翼中陶成章敖嘉熊魏蘭秋瑾等先後均與聯絡。

上海同文滬報　上海福州路　田野橘次

此報爲日人田野橘次所辦。專提倡改革政治之說。與唐才常關係密切。

上海東文學社　上海　田野橘次唐才常

唐才常利用日人田野橘次名義開設東文學社。外藉教授日文爲幌子。實爲正氣會及自立軍之運動機關。

上海正氣會　江蘇上海　唐才常林圭狄葆元

此會又名自立會。及唐才常林圭狄葆元沈藎等所組織。其計畫在聯絡長江各省哥老會起事。唐手訂章程二十餘條。規模極大。因倚賴康有爲梁啓超向華僑籌餉。故或稱排滿。或稱勤王。方針不定。故內部迭起變化。章炳麟畢永年初亦與謀。以宗旨不符。拂袖而去。

上海國會　上海張園　容閎嚴復唐才常

是年六月唐才常以挽救時局爲辭。邀請滬上維新志士開國會於張園。列席者有容閎嚴復章炳麟文廷式吳葆初葉澔吾宋恕張通典沈藎龍澤厚等數百人，公推容閎爲會長。嚴復副之。才常爲總幹事。欲利用國會名義號召各省大學實則蒞會者多茫無所知。且愈招清吏注意。以是參加諸人多紛紛脫會。

大通自立軍前軍　安徽大通　秦力山吳祿貞

唐才常分自立軍爲七軍。以大通爲前軍。秦力山統之。吳祿貞爲參謀。力山名鼎彝。東京大同學校學生。漢口本部原約是歲七月十五日起事。力山因十三日有黨人七名被清兵逮捕。遂猝然舉兵。劇戰五日。以寡不敵衆敗退。後出亡日本。

湖北自立軍本部　湖北漢口　唐才常林圭傅慈祥

自立軍本部設於漢口英租界李順德堂。原定七月十五日各路同舉。因康梁海外匯款未到。延期數次。廿八日事洩。爲鄂督張之洞派兵圍搜。捕獲才常及林圭李炳寰田邦璿瞿河清向聯陞王天曙傅慈祥黎科黃自福蔡丞煜李虎生日人甲斐靖等二十餘人。除日人送還日領事外。餘俱加害。

同時崇陽監利新堤臨湘沅州湘潭清泉武陵各地陸續失敗。黨人殉義者尚有唐才中蔡鍾浩黃南陽李壽金何來保汪鎔方成祥徐德姚小琴等百數十人。

漢口自立軍分所　　漢口寶順里　　唐才常林圭李虎生

此爲自立軍分機關之一。事洩時有李虎生瞿河清王大曙數人在此被逮。

三洲田革命軍　　廣東歸善縣　　鄭士良黃福黃耀廷

是歲夏。孫總理派鄭士良籌備在惠州大舉。士良遂集合同志黃福黃耀廷黃閣官林俠琴楊發羅生等百數十人。在歸善縣三洲田馬欄頭楊生大屋設立大營準備起兵。專候總理接濟軍械。至閏八月十三日。清軍何長清部壓逼日甚。始毅然向清軍進攻。一戰破之。連戰俱捷。有衆二萬餘人。先後佔領沙灣永湖佛子坳崩崗墟黃沙洋白芒花三多祝各地。直向粵閩界址進發。以便接收軍械。二十九日至三多祝時。得香港轉來總理自台灣電。有「政況忽變外援難期。即至廈門亦難接械。可自決進止」等語。士良等以外援絕望。彈藥已竭。不得已宣布解散。馬欄頭楊生宅後被清軍縱火焚燬。

博羅革命軍別隊　廣東博羅　梁慕光李植生鄧子瑜

鄭士良同時派同志梁慕光李植生鄧子瑜江維喜等在惠州博羅縣起事。於閏八月廿一二日率衆二千餘人撲攻縣城。以清軍雲集。屢攻不下。及聞大軍已奉命停頓。遂亦分路解散。

廣州革命軍暗殺部　廣州旗滿街　史堅如宋少東練達成

是秋鄧蔭南史堅如二人奉孫總理命在廣州起義。期與惠州革命軍相援應。因佈置不及。遂由堅如設暗殺部。專任轟炸署粵督德壽之責。堅如使練達成宋少東溫玉山黎德宋玉臣等在旗滿街撫署後樓房。用宋少東名租得一屋。即在屋內掘地埋置大量炸藥。九月初六日轟然爆發。炸燬撫署後牆及民房數家。死數人。德壽僅受虛驚無恙。堅如於初七晨被逮。嚴刑不屈。十八日就義。

廣州西關長老會　廣州西關　史堅如毛文敏

毛文敏爲耶教長老會傳教士。與史堅如莫逆。堅如假廣州西關寶華大街文敏主持之福音堂存貯危險品。

廣州五仙門福音堂　廣州五仙門　史堅如練達成黃守南

黃守南爲五仙門福音堂管事人。史堅如練達成密運炸藥。恆託守南代爲收藏。

廣州史公館　　廣州西城　　鄧蔭南史堅如摩根

廣州西城榮華東街史公館爲興中會是年進行廣州軍務之總機關。鄧蔭南史堅如蘇焯南李壽卿吳義如英人摩根往來各地。均在此下榻。中有工人黎德專任搬運軍械炸藥等事。

香港楊衢雲書館　　香港結志街　　楊衢雲

庚子興中會在廣惠二府革命工作。楊衢雲奔走最力。大爲清吏所忌。屢派兇徒謀殺之以洩憤。衢雲時設帳於結志街五十二號二樓。藉教授英文以贍養妻子。蓋不欲耗用黨中公款而以身作則也。親友多勸其赴海外避禍。均不見聽。是年十一月二十日遂有粵督所派兇徒陳林刺殺衢雲於教室。孫總理在日聞耗。異常哀痛。卽集同志開會追悼。並募款恤其遺族。

橫濱開智錄　　橫濱山下町　　鄭貫公馮自由馮斯欒

此報乃留東學界提倡革命最早之刊物。爲鄭貫公馮自由馮斯欒三人所組織。專發揮自由平等學說。論著譯文有盧騷民約論。大井憲太郎自由原論。摩西傳。法國革命史。貞德傳。中江篤介民權眞義諸作。原於己亥年冬用油印出版。規模頗狹。庚子夏秋間得孫總理助印刷費二百元。乃改用鉛字排印。時貫公兼任橫濱清議報編輯。故海外各埠凡有清議報之地。卽有開智錄。保皇會員思想因之大受影響。至次年辛丑春卒爲梁啓超所逐。開智錄由是停刊。貫公以孫總理介紹。改任香港中國日報主筆。

東京對陽館　東京芝區　孫總理宮崎寅藏平山周

對陽館旅店在東京芝區。庚子年孫總理與日本同志宮崎寅藏平山周內田良平福本誠山田良政伊東政基原口聞一遠藤隆夫等。爲中國惠州革命軍及菲律濱獨立軍購運軍械事。常在此開會。宮崎常駐此辦事。致爲日本警吏特別注意。稱曰梁山泊。其後總理每蒞東京。亦常在此寄宿。

九龍鄧三伯農牧場　九龍屯門　鄧蔭南

檀香山華僑鄧蔭南乙未變產隨孫總理回國。經乙未庚子兩次失敗。遂在九龍屯門開闢農牧場以自給。各地失敗同志多往依之，稱以鄧三伯農場。

東京東亞商業學校　東京小石川　柏原文太郎

是冬高等大同學校因經濟困難。無法維持。遂由日人柏原文太郎向日商界措資在小石川區建築新校。定名東亞商業學校。以收容該校及校外預備考入各大學之學生。在校學生先後有蔡艮寅（鍔）范源濂唐才質馮自由馮斯欒鄭貫一李自重羅昌何望梁文賢孫昌（孫總理之姪）王寵惠蔣文震周宏業蔣尊簋王洪薛錦標薛錦琴王嘉榘李羣陳爲璜王斯誠唐蟒等三十餘人。漢口富有票一役逃日諸將士朱菱溪等亦多下榻斯校。一年後日人不欲維持。乃由淸公使蔡鈞接辦。易名淸華學校。另招新生專教授東文。

台灣台南日報　台灣基隆　連雅堂

台灣遺民連雅堂原籍福建。久抱亡國之痛。是歲在台發刊台南日報。時作睠懷故國及反對滿淸言論。與香港中國日報常通聲氣。

杭州浙會　浙江杭州　王嘉榘孫翼中敖嘉熊

庚子拳匪變亂後。大局岌岌。是年夏秋間。浙省旅杭志士王嘉榘孫翼中蔣方震張恭陳夢熊蔣尊簋敖嘉熊等十餘人組織一研究時事之團體。名曰浙會。漸趨向民族主義。發起諸人先後東渡留學。後皆爲革命盡力。

蘇州東吳大學　　江蘇蘇州　　章炳麟

是年秋章炳麟因列名上海國會被淸吏通緝。避至蘇州。在耶教所設東吳大學任漢文教授。時以種族大義訓廸諸生。次年因所出論文題目有「李自成胡林翼論」蘇撫恩銘特向該校美人校長要求逮捕章。聞警仍亡命日本。

革命運動第十五年辛丑

民國紀元前十一年
清光緒二十七年
陽曆一九〇一年

機關名稱	所在地	主要人姓名
橫濱廣東獨立協會	橫濱前田橋	馮斯欒馮自由王寵惠

廣東獨立協會爲留東粵籍學生馮斯欒李自重鄭貫一王寵惠馮自由梁仲猷諸人所發起。時在辛丑年春。東西各國忽喧傳法國要求清廷割讓廣東。粵人主張勿將廣東割讓他國之說。內外粵僑爲之騷然。粵籍學生初在東京開會倡義反對清廷割讓國土。及自行宣告獨立。繼以橫濱粵僑人衆。乃移會議地所於橫濱。孫總理贊助此事頗力。僑界參加者二百餘人。每次開議之前。諸發起人恆至前田僑總理寓所商談進行方法。興中會員黎炳垣溫炳臣陳和等招待尤形殷勤。粵籍留日學生與興中會合作自此始。

機關名稱	所在地	主要人姓名
東京國民報月刊	東京飯田町	沈翔雲戢翼翬秦力山

此報爲沈翔雲戢元丞秦力山王寵惠馮自由等所發起。社址在東京麴町區飯田町六丁目二十

四番地。第一期於是年五月十日出版。專提倡革命排滿及排斥保皇邪說。論文多由秦力山楊廷棟楊蔭杭雷奮數人執筆。卷末附英文論說。由王寵惠任之。僅出版四期而止。孫總理曾捐助印刷費一千元。留學界所刊雜誌主張激烈言論者。以此報爲最早。

香港中國日報第三年　香港永樂街　陳少白鄭貫公陳詩仲

辛丑爲中國日報出版第三年。是春由士丹頓移於上環永樂街。適孫總理介紹橫濱開智錄記者鄭貫公主持筆政。持論新穎。頗受社會歡迎。尤以粵省及外洋銷路爲佳。是冬十二月總理以五年禁止入境期滿。曾來港留駐報社三樓一星期。及離港後。港政府再下令不許總理入境。翌年貫公辭職。陳詩仲黃世仲二人代之。壬寅（民前十年）除夕洪全福梁慕光等謀在廣州舉義失敗。廣州嶺海報主筆胡衍鶚對民黨大肆排擊。中國報乃嚴辭闢之。逾月而止。癸卯（民前九年）春延聘馮自由爲駐日通信員。始與留東學界發生關係。

新加坡中和堂　英屬馬來亞　尢列黃世仲

南洋英屬馬來亞羣島向爲保皇黨之勢力範圍。新加坡富商閩人富商邱菽園爲該埠分會長。有機關報名天南新報日倡保皇邪說。華僑受感者大不乏人。興中會於庚子（民前十二年）惠州革命軍失敗之後。其將領黃福黃耀廷鄧子瑜等避居新加坡。該地始有革命黨人足跡。然其時僑衆風氣尙極閉塞。咸視革命黨如蛇蝎。黃鄧等爲工作餬口計。固絕不敢以眞面目向人也。及辛丑（民國前十一年）興中會員尤列自日本至南洋。目的在宣傳革命排滿。因一般商界頑固性成。無從入手。乃在新加坡單邊街懸壺問世。精醫花柳雜病。男婦咸稱其能。於是乘機向農工二界及義興會員發揮反淸復明之宗旨。且常投身煙館賭場。冀與下層社會意氣相投。以資運動。遂亦漸浸染阿芙蓉癖。經營半載。頗得農工人士之信仰。遂集合少數同志組織一小俱樂部。卽仿傚橫濱中和堂辦法。仍以「中和堂」三字名之。堂中設神像。以「忠心義氣手足相扶」等語爲號召。與普通海員所設航海會所大同小異。所異者卽中和堂能添設各種革命書報以開通民智耳。新加坡會所成立之後。尤復遍遊吉隆坡怡保壩羅檳榔嶼各埠。設立分堂。就中以吉隆坡會所爲比較宏偉。其所懸標幟。卽用惠州革命軍之靑天白日旗。然多數會員固不知此旗之歷史及出處也。時各埠會員多屬下層階級。文人中參加者只有黃世仲黃伯耀康蔭田三人。黃等皆以在粵家計困難。少赴南洋謀生。各在小埠賭場充任書記。因時向當地報館投寄論文批評時政。漸與尤相結識。而爲中和堂會員。其後世仲得任香港中國日報記者。伯耀陰田同任新加坡圖南日報記者。卽尤推薦之力。乙巳（民前七年）同盟會成立。中和堂主要人尤列等皆入同盟會。

舊金山大同日報第一二年　美國加省　唐瓊昌區榘甲

康徒區榘甲於己亥年在橫濱清議報倡「湯武革命應天順人」之論。爲康有爲調往美國舊金山主持保皇會之文與日報。區在原籍歸善縣嘗入三合會。旅美華僑大半名列洪門致公堂籍。區於是運動該堂高級職員黃三德唐瓊昌二人創辦洪門機關報。黃唐均贊成之。遂於是歲出版。定名大同日報。唐爲社長。區任主編。高唱廣東獨立之說。凡四五萬言。大博華僑稱賞。其後橫濱清議報嘗印作單行本。風行一時。卽新廣東一書是也。後四年甲辰春。孫總理自檀香山來美。區挾異黨私見作反對洪門歡迎總理之說。爲致公堂下逐客令，此報始入革命黨手。

上海大陸報　上海福州路　戢元丞秦力山楊廷棟

東京國民報停刊後。戢元丞乃創辦作新書社於上海。另發刊大陸報月刊。以繼承國民報之統緒。

仍由秦力山楊廷棟楊蔭杭陳冷等擔任著作。言論不如國民報之激烈。但排斥康梁相與共之。僅出版數期而止。

革命運動第十六年壬寅

民國紀元前十年
清光緒二十八年
陽曆一九〇二年

機關名稱	所在地	關係人
東京支那亡國紀念會	東京牛込區	章炳麟秦力山馮自由

每年三月十九日爲明崇禎殉國紀念之辰。留日志士章炳麟秦力山馮自由馬君武陳猶龍朱菱溪周宏業王嘉榘王思誠李羣十人特於壬寅三月發起開會追悼。定名曰「支那亡國二百四十二年紀念會」。假東京牛込區榎町周寓爲辦事所。通告留學界及橫濱華僑屆時在上野精養軒舉行。孫總理及梁啓超均署名爲贊成人。（其後梁致書章太炎請取消其名）事爲清公使蔡均所知。遽請日政府禁止開會。及期。孫總理及赴會學生數百人均不得入。總理乃邀發起人章炳麟等到橫濱永樂酒樓補行開會紀念式。

機關名稱	所在地	關係人
橫濱支那亡國紀念會	橫濱永樂樓	孫總理章炳麟黎炳垣

支那亡國紀念會被日警禁止開會。孫總理遂面約發起人章炳麟等到橫濱永樂樓補行開會紀

念式。是日下午炳麟及秦力山朱菱溪馮自由等四人應約赴會。列席者有横濱興中會員黎炳垣譚發温炳臣陳才陳和陳植雲等及中和堂翟美徒楊少佳鮑唐等六十餘人。總理爲主席炳麟宣讀紀念辭。閉會後。是晚興中會設宴凡八九席。主賓異常歡洽。炳麟竟醉不能歸東京。

東京青年會　　東京牛込區　　葉瀾秦毓鎏周宏業

壬寅冬。留日志士秦毓鎏董鴻褘葉瀾周宏業馮自由等發起青年會。明白揭示以民族主義爲宗旨。破壞主義爲目的。初假東京牛込區榎町周寓爲會所。署名者有秦董葉周及張繼汪榮寶程家檉馮自由謝曉石張肇桐潘贊化蔣方震鈕瑗熊慕遽葉緝堂金邦平陳由己蘇子穀等數十人。是爲留學界團體中揭櫫民族主義之最早者。翌年癸卯留學界先後組織拒俄義勇隊及軍國民教育會。卽由青年會會員主動。

横濱新民叢報第一二年　　横濱山下町　　梁啓超韓文舉

新民叢報爲半月刊之雜誌。發刊於壬寅年春夏間。社址在横濱山下町。主編人爲梁啓超。撰述員先後有蔣智由韓文舉馬君武狄平子羅孝高麥孟華周宏業張東蓀諸人。初出版二年闡揚民族主義。不遺餘力。所著破壞論。尤痛快透澈。足以驚破頑固派之迷夢。韓文舉別號捫蝨談虎客。所撰筆記談叢。均令讀者種族觀念。油然以生。故出版未久。即已風行國內外。言新學者咸奉爲典型。因添設新民叢報支店於上海棋盤街。以應銷場。一年後。啓超赴美洲遊歷。延馬君武代理編輯。及由新大陸東歸。乃論調一變。發爲「吾遊美國而夢俄羅斯」及「自後膛鎗出而革命之迹絕」之怪論。由是聲價一落千丈。銷數大減。乙巳（民前七年）民報出世。孫總理之三民主義論次第發表。啓超遂藉此排斥革命歌頌君憲。以取媚虜廷。雙方文戰殆及二載。革命黨咸以虎倀視之。然平心而論。該叢報最初二年倡導破壞之功。殊不可沒。

橫濱新小說月報　橫濱山下町　梁啓超羅孝高

此報附設於橫濱新民叢報。亦發刊於壬寅年。主編爲梁啓超。所載梁著新中國未來記。羅孝高著東歐女豪傑。某氏著粵曲戲劇黃蕭養回頭。梁著新羅馬傳奇。皆宣傳革命反抗異族之作。東歐女豪傑一書。尤膾炙人口。出版僅數期而止。

石岐演說社　廣東香山　徐桂劉思復

檀香山華僑徐柱初入保皇會。後發覺華僑捐款被康梁師徒中飽。遂登報脫黨。回國大倡革命。是年與劉樾杭劉思復等在香山石岐縣城組織演說社。以提倡革命排斥保皇爲宗旨。

武昌孫森茂花園機關　　武昌花園山　　吳祿貞孫凱臣

吳祿貞於庚子唐才常失敗後仍東渡留學。是年春畢業回國。先後執教湖北將弁學堂及武普通中學堂各校。同時假武昌花園山孫凱臣所有之孫森茂花園設祕密機關。交結有志青年。灌輸以革命思想。時往還最密者有李書城程明超時功璧時功玖耿覲文曹亞伯吳炳樅朱和中馮特民李廉芳萬武定張子漁諸人。此機關於甲辰（民前八年）春祿貞北上時始無形解散。

東京湖北學生界　　東京　　劉成禺李書城程明超

是爲留日各省志士創辦革命雜誌之先河。出版於壬寅癸卯年間。編輯人爲劉成禺李書城程明超吳炳樅時功玖尹拔一王存一等。出版至四期。易名漢聲。

東京湖南遊學譯編　　東京　　楊守仁陳大華梁煥彝

是爲湘省留學志士翻譯東西民權書籍之月刊。編譯人爲楊守仁陳大華梁煥彝黃軫（後更名興）周家樹陳範等後一年陳天華復有「新湖南」之作。

上海中國教育會　上海泥城橋　黃宗仰章炳麟蔡元培

壬寅年秋。旅滬志士黃宗仰（別號烏目山僧）蔡元培章炳麟吳敬恆蔣維喬黃炎培等。以譯本教科書多不適用。擬從新編訂以改良教育。特發起此會爲策動機關。會所設於泥城橋福源里。於是年冬始告成立。隱然爲東南各省革命之大集團。翌年愛國學社之成立卽由教育會策動之。

河內興中會　越南河內　總理黃隆生楊壽彭

是歲秋孫總理應越南總督韜美之邀。赴越南河內觀博覽會。結識僑商黃隆生楊壽彭甄吉亭張奐池甄壁羅鐔曾克齊諸人。成立興中會。假河內保羅巴特街二十號隆生洋服店爲會所。是爲革命黨在越南組織機關之始。

香港大明順天國和記棧　香港德忌笠街　洪全福謝纘泰李紀堂

和記棧者。太平順天國在香港祕密籌劃起事之總機關也。其地在中環德忌笠街二十號四樓。先是興中會會員謝纘泰李紀堂久欲在粵舉兵革命。以逐滿興漢爲宗旨。嗣結識太平天王洪秀全族弟春魁。認爲足以肩舉大事之適當人物。遂推爲首領。並預定國號曰太平順天國。春魁以是易名全福。示藉洪秀全福蔭之意。紀堂於是役慨然負擔全部軍餉五十萬元。全福受命後。先後分派梁慕光李植生馮通明宋居仁蘇子山（原名龔超。庚子漢口富有票案有名）諸人。在廣州惠州北江各地聯絡軍隊會黨。尅期於壬寅（民前十年）十二月除夕各方同時發難。其發號施令皆在和記棧處理之。及十二月下旬籌備略竣。全福先期赴粵指揮梁慕光等各項動作。讚泰紀堂等亦各預定除夕晚乘輪詣省主持一切。詎有奸人周某爲詐騙巨款事遽向香港警廳告密。且引警吏至和記棧搜查舉發。並逮捕同志五人。而機事遂全局敗露。粵督德壽藉此破獲各黨人機關。捕殺黨人多名。全福等半載之經營悉成水泡。在港被捕各黨人。得英國殖民部電令港督。以國事犯待遇。故由港督下令開釋。全福前於太平天國敗後。嘗從事航海生活多年。春秋既高。乃在港行醫自給。是役失利。遂避地新加坡。旋以病返就醫。死於香港國家醫院。

廣州大明順天國與漢軍　廣州同興街　洪全福梁慕光李植生

洪全福既與謝讚泰李紀堂決定壬寅除夕攻取廣州計畫。遂自稱爲大明順天國與漢軍大將軍。

派前往庚子惠州起事之梁慕光爲司令官。李植生爲總參謀。設總機關於廣州信義洋貨店。聯絡東北江各屬會黨分途進行。定期是冬除夕起事。及期前一日香港事洩。和記棧被警吏查封。在廣州各機關均被搜捕。信義號於臘月卅日被封。全福慕光植生等事先脫險。黨員殉義者有梁慕義陳學靈葉昌劉玉岐何萌蘇居李秋帆葉木容等八人。監禁二十年者李偉慈龔超梁綸初等三人。在港被拘各黨人因港督以國事犯待遇。得省釋無事。是役興中會幹部概未與聞。

花埭信義公司	廣州花埭	梁慕光李植生等
廣州繼業肥料公司	廣州河南	梁慕光李植生等
芳村繼業肥料公司	廣州芳村	梁慕光李植生等

以上三處均爲梁慕光李植生所設分機關。爲貯積軍械軍服彈囊旗幟刀斧餅乾諸軍用品之所。於三十日及次年元旦日陸續被封。

革命運動第十八年癸卯

民國紀元前九年
清光緒二十九年
陽曆一九〇三年

機關名稱	所在地	主要人姓名
東京拒俄義勇隊	日本東京	藍天蔚秦毓鎏鈕永建

是春留日學界以俄人侵佔東山省。大憤。由鈕永建秦毓鎏葉瀾董鴻禕蒯壽樞等。召集全體開會於神田錦輝館。莅會者五百餘人。決議組織拒俄義勇隊。又名學生軍。藍天蔚為隊長。駐日清公使蔡鈞密電清廷。謂學生軍名為拒俄實則革命。并請日政府嚴行制止。義勇隊遂被日警解散。

機關名稱	所在地	主要人姓名
東京軍國民教育會	東京	葉瀾董鴻禕秦毓鎏

拒俄義勇隊被日當局解散後。隊中一部激烈會員葉瀾秦毓鎏程家檉董鴻禕等乃另組織軍國民教育會。確定養成尚武精神實行民族主義為宗旨。最初署名意見書者。為秦毓鎏薩端周宏業貝鏞禮葉瀾張肇桐華鴻陳秉忠董鴻禕翁浩陳定保胡景伊程家檉王家駒鄭憲成等十五人。成立後。決定進行方法三種。一曰鼓吹。二曰起義。三曰暗殺。黃軫（後改名興）陳天華二人即被推

舉回湘之運動員也。

東京浙江潮月刊　東京　孫翼中蔣智由蔣方震

此月刊爲浙江留學志士所創辦。鼓吹革命排滿甚力。執筆者有孫翼中蔣智由蔣方震王嘉榘諸人。

東京江蘇月刊　東京　秦毓鎏張肇桐汪榮寶

留日江蘇學生之革命志士發刊此雜誌。宗旨與浙江潮相同。編輯人有秦毓鎏張肇桐汪榮寶黃宗仰陳梘諸人。

杭州白話報　浙江杭州　孫翼中

浙人孫翼中在日辦浙江潮雜誌。是年夏返國主持杭州白話報。以言論激烈。爲淸吏所忌。欲拘捕之。事前逃逸得免。

蒙自保滇會　雲南蒙自　周雲祥黃顯忠

雲南蒙自人周雲祥以礦業起家。憤淸廷將滇省礦省權利許給法國。因倡設保滇會以抵抗之。癸卯四月蒙自知縣孫某派兵圍捕。雲祥號召礦工起事。大敗清軍。連佔臨安阿迷甯州各地。復派其戚黃顯忠攻石屏州。取之。清滇督迭派大兵四路圍攻。卒以衆寡不敵解散。雲祥隱居山中韜晦以終。

上海拒俄大會　上海張園　馮鏡如陳範吳敬恆等

癸卯四月寓滬各省紳商志士因俄兵侵佔東三省。在張園開會。決議否認清廷簽允對俄新約。發起人爲馮鏡如陳範吳敬恆等數十人。紳商學各界名流多列名。

上海四民公會　上海張園　馮鏡如陳範吳敬恆等

寓滬各界公士發起拒俄大會後。卽組織四民公會以資號召。繼復易名國民公會。至五月間康徒龍澤厚私易名曰國民議政會。漸傾向請願清廷立憲之主張。馮鏡如等多人乃宣佈脫會。此會遂成無形的解散。然清吏仍一律目預會諸人爲革命黨。

上海愛國學社　上海　章炳麟蔡元培吳敬恆等

癸卯春夏間。上海南洋公學及南京陸師學堂等學生因受教員禁壓言論自由。相繼退學。羣請中國教育會設校救濟。教育會乃特設愛國學社以收容之。章炳麟蔡元培吳敬恆蔣維喬蔣智由等爲教員。開幕後師生皆高談革命。放言無忌。革命高潮激盪全國。

上海愛國女學校　上海　陳擷芬蔣維喬王季同

中國教育會復設愛國女學校。以提倡女子自由教育。以蘇報主人陳範之女公子擷芬爲校長。蔣維喬王季同鍾憲鬯爲教員。足與愛國學社互相桴應。蘇報案後仍盡力維持。

上海蘇報　上海望平街　陳範汪文溥章行嚴

湖南衡山人陳範字夢坡。在滬承辦蘇報四載。至是歲春始傾心革命。延汪文溥章行嚴爲主筆。高談殺滿排滿。議論激烈。轟動一世。清吏屢向租界當局要求封禁。是歲閏五月初旬租界工部局派警拘拿陳範章炳麟吳敬恆蔡元培黃宗仰鄒容龍澤厚諸人。陳吳蔡黃四人他適得免。章龍先後被逮。鄒自首。是爲歷史上驚天動地之蘇報案。及章鄒案租界會審公廨審訊此案多次遷延多月。至次年四月卒判決章炳麟監禁三年，鄒容監禁二年。

上海女蘇報　上海派克路　陳擷芬

女蘇報爲陳擷芬女士所創辦。目的在提倡女權及女學。與父齊名。其社址在派克路第七百零二號。蘇報案發時。警探在女報內捕去陳範之子仲彝及司賬員錢允生二人。

上海鏡今書局　上海四馬路　陳競全

甘肅泰州人陳競全爲清末名進士。以不慊於清政。至滬創辦書局。常出資助人印刷革命書籍。該局亦以專售革命書籍名於時。後因公破產。抑鬱以死。

上海東大陸圖書局　上海四馬路　金天翮等

上海國學社　上海四馬路　陶賡熊等

是年滬上出版之革命書報風起雲湧。多由上述數書局出版或經售。大都爲金天翮陶賡熊章士釗陳去病劉季平馬君武柳棄疾敖家熊諸人所編著名野鷄大王。徐敬吾日在青蓮閣出售革命書報。即代各書局傾銷。

常熟塔後小學　江蘇常熟　丁初我徐覺我殷次伊

此校爲中國教育會常熟支部所辦。宗旨略同愛國學社。創辦人爲丁初我徐覺我殷次伊等。及上海章鄒案發生。殷次伊憤而自殺。此校因而停辦。

同里自治學社　江蘇吳江　金天翮林礪陶賡熊

中國教育會吳江支部主持人金天翮陶賡熊林礪柳棄疾等於癸卯夏倡辦自治學社於吳江同里。宗旨與愛國學社相同。附設兵操一科。由林礪擔任。

華涇麗澤學堂　上海華涇鄉　劉季平劉東海秦毓鎏

劉季平卽劉三。於上海愛國學社成立時。在其故里華涇鄉創辦麗澤學堂。授以軍國民教育。校址卽以季平所居宅充之。教員有秦毓鎏劉東海費公熙諸人。明年甲辰春以事解散。

上海明華女學　上海　金天翮秦毓鎏陶賡熊

明華女學爲金天翮所組織。規模悉仿愛國。成績斐然。湘鄉張通典之女公子弘楚駕美振亞及陽湖孫濟扶等卽出身此校，

蘇州吳中公學社　江蘇吳縣　中國教育會會員

浙江杭州公學社　浙江杭州　中國教育會會員

以上兩學社均爲中國教育會員所創辦。與愛國學社宗旨相同。羣以議論時政改造國家爲風尙。

金華萃新旬報　　浙江金華縣　　張恭劉琨盛俊

蘇報案事起。金華志士張恭劉琨盛俊等發刊萃新旬報。以開通民智爲務。嚴州知府錫綸以該報譏刺時政。乃進稟浙撫。謂張恭等出語狂悖。請封禁以正士習。浙撫下令封禁。張恭預將該報門面改易。得免於難。

東浦熱誠公學　　浙江紹興　　徐錫麟

是歲徐錫麟至日本觀大阪博覽會。在東京結識陶成章龔寶銓鈕永建諸人。革命排滿之志益堅。歸國後在東浦創立熱誠公學及特別書局。欲先從教育及文化入手。爲大通學校之先聲。

新加坡小桃園會所　　英屬馬來亞　　陳楚楠張永福林義順

小桃園會所爲新加坡華僑陳楚楠張永福林義順等所設之小俱樂部。是歲上海蘇報案發。楚楠等激於義憤。卽用小桃園會所名義拍電駐上海英領事。請援保護國事犯條例。勿將章炳麟鄒容二人引渡於淸吏。是爲南洋華僑同情革命之第一聲。

香港世界公益報　香港德輔道　鄭貫公林護崔通約

繼中國日報出版後三年而出版者有世界公益報焉。是報發刊於癸卯年冬。爲中國報前記者鄭貫公所主編。其資本全出諸耶穌教徒林護馮活泉譚民三等。編輯人有李大醒崔通約黃世仲黃伯耀黃魯逸等。報中論調略同中國報。而色采不如中國報之鮮明。特注重諧文字及諷刺圖書。於宣傳革命。亦甚有力。世稱香港革命黨報之第二家者是也。貫公爲人豪邁不羈。任職半載。以不願受耶教範圍之拘束。卽辭職他去。此報因有耶教徒支持。基址鞏固。至民國成立後數年始停刊。其功僅次於中國報。

東京革命軍事學校　東京青山　孫總理日野小室

癸卯秋孫總理由越南蒞日本。適日政府徇清廷請。不許我國自費學生學習陸軍。總理乃與日武官同志組織革命軍事學校於東京青山矢來町。專收容同志之有志習陸軍者。校長爲少佐日野熊藏。教務長爲上尉小室健次郎。從學者有黎仲實李自重胡毅生桂廷鑾雍浩鄭憲成伍嘉杰劉維燾饒景華李錫靑區金鈞郭健霄盧牟泰盧少岐十四人。入學宣誓辭爲「驅除韃虜恢復中華創立民國平均地權」十六字。即乙巳同盟會誓辭。開校後半載。以細故解散。聞者惜之。

橫濱振華商店　橫濱山下町　孫總理黃宗仰廖翼朋

是歲夏秋間孫總理自越南抵橫濱。稅居山下町新寓二樓。其下爲廣州博濟醫院舊同學廖翼朋所設振華商店。烏目山僧黃宗仰涖日。亦住其中。留日學生及因蘇報案逃日之志士訪謁總理者。戶限爲穿，冬總理赴檀香山。

檀香山檀山新報　夏威夷島　孫總理程蔚南張澤黎

癸卯冬。孫總理由日本抵檀香山。時檀島興中會久已解散。會員多染康梁君憲邪毒。保皇黨之新中國報主筆陳繼儼向反對革命。總理乃改組其戚程蔚南所辦之檀山新報（又名隆記報）爲黨報。親撰論文與保皇報大開筆戰。由是華僑迷夢漸醒。興中會因之復興。蔚南亦舊興中會員。與李昌何寬同爲報務盡力。繼延張澤黎爲主筆。與保皇報文戰數載。成效大著。是爲興中會機關報之第二家。通信郵箱爲九七四號。

檀香山新興中會　夏威夷島　孫總理何寬黃旭昇

是冬孫總理召集舊興中會員何寬鄭金李昌等重組興中分會。易名中華革命軍。改易舊興中會誓辭爲「驅除韃虜恢復中華創立民國平均地權」十六字。得新會員黃旭昇曾長福等多人。檀島黨勢由是復興。

希爐島興中會　夏威夷島　毛文明黎協盧球

孫總理應希爐埠同志之招。親赴該島組織興中分會。假耶穌教堂演講革命。華僑蒞場者極衆。得新會員黎協李華根盧球劉安等多人。通信處在該埠郵箱七號永萬春店轉。

上海國民日日報　上海　張繼章行嚴盧和生

是冬十月旅滬志士重組此報。以繼承蘇報之統緒。任事者有張繼章行嚴盧和生何梅士謝曉石蘇曼殊陳去病金天翮陳由己諸人。出版數月。世稱蘇報第二。旋因細故發生內訌。香港中國日報社長陳少白特赴滬調解。事定。以元氣已傷。無法繼續出版。

上海對俄同志會　上海惠福里　蔡元培劉光漢陳競全

是冬俄人進兵奉天。蔡元培自青島返滬。與同志葉瀚劉光漢陳競全王季同陳去病林獬諸人發起此會以排擊淸政府之外交失敗。又發刊日報。名曰俄事警聞。爲宣傳機關。社址在英租界惠福里。

檀香山國安會館　夏威夷島　孫總理鍾水養

檀香山洪門三合會總團體名曰國安會館。有悠久之歷史。是冬孫總理於遊美前。由洪門前輩鍾水養介紹入闈。被封爲洪棍。自後洪門人士皆稱爲孫大哥。

上海中國白話報　上海　林獬林宗素

此報出版於癸卯年冬。爲福建人林獬（白水）及其女弟宗素主持。純以通俗白話排擊淸廷專制政治。與警鐘報同一論調。

舊金山致公總堂　美國加省　黄三德朱三進唐瓊昌

美洲洪門團體名致公堂。有數十年之歷史。卽三合會之別稱。總堂設於舊金山大埠士坡福街三十八號。其會員散佈全美各埠。佔華僑之大多數。惟其宗旨雖曰反淸復明。以代遠年湮。多已忘却本來面目。且漸染康梁保皇邪說。受愚者頗不乏人。就中總堂大佬（首領）黄三德書記唐瓊昌會計朱三進等。頗明大義。比較開通。是歲臘月孫總理由檀香山抵美。爲保皇黨及淸吏所構陷。被扣留於移民局。黄唐等知總理已在檀入洪門會籍。聞之大憤。乃延律師那文代向美京工商部抗爭得直。總理得以安全入境。是爲美洲洪門團體與總理發生關係之嚆矢。

上海俄事警聞　上海惠福里　劉光漢林獬汪德淵

此報係一種小日報。乃滬上對俄同志會諸志士蔡元培等所辦。專爲反抗俄人進佔東三省而設。執筆者有葉瀚劉光漢林獬汪德淵陳去病諸人。次年春更擴大規模。改組爲警鐘日報。社址亦在英租界惠福里。

上海福建學生會　上海江海關　翁浩鄭憲成林森

東京革命軍事學校學生閩人翁浩鄭憲成於是冬返滬。卽與留滬閩省志士林森薩桐坡鄭秉琿陳子範林獬王孝縝等組織福建學生會。以實行革命爲宗旨。列名者百餘人。時林森任職江海關。衆舉之爲會長。卽以江海關爲通信所。自後南洋英荷兩屬各埠閩人所設華僑學校延聘教員。多由此學生會介紹之。

檀香山許直臣私塾

夏威夷島　許直臣

檀香山興中會員許直臣於乙未九月廣州失敗後。即在檀設立私塾。以教育華僑子弟。常用種族觀念貫輸青年。是年孫總理到檀。校務更為擴張。其後檀僑回國效力顯名者多出其門。

革命運動第十九年甲辰

民國前八年
清光緒三十年
陽曆一九〇四年

機關名稱	所在地	主要人姓名
舊金山興中會籌餉團	美國加省	孫總理鄺華太

美洲各地向無興中會之組織。孫總理於丙申年到美。僅收攬會員鄺華太等三數人。癸卯年十二月下旬。總理自檀島乘高麗輪船抵舊金山。爲保皇會員勾結移民局員從中作梗。被困於碼頭木屋者多日。賴當地中西日報社長。耶穌教友伍盤照之助。與致公堂職員黃三德唐瓊昌合力營救。并向華盛頓工商部依法抗爭。始獲安然入境。既脫難。即下榻於致公堂會所。日間則傳食於中西日報。與教友伍盤照伍于衍司徒南達鄺華太鄧幹隆諸人至爲相得。以旅美僑胞多染康梁餘毒。遂託中西日報印刷鄒容著革命軍一萬一千册。分贈全美僑衆。以廣宣傳。同時更欲藉此開設興中分會。擬先從具有新思想之教友入手。於是召集耶教徒之有志者。假當地士作頓街長老會正道會所開興中會救國籌餉大會。蒞會者頗衆。公推鄺華太博士爲主席。鄺爲有名學者。娶美婦爲

室。時任加省大學教授。是日總理演講革命救國眞理後。提議請座衆購買革命軍需債劵。謂此劵規定實收美金十元。俟革命成功之日。憑劵卽還本息一百元。凡購劵者卽爲興中會當然會員。成功後可享受國家各項優先利權云云。各教友對於購劵事均甚贊成。惟聞凡購劵者卽爲興中會員一節。多談虎色變。謂吾輩各有身家在內地。助款則可。入會則不必。總理乃宣稱此舉志在籌餉。入會與否。一惟尊便。此項債劵票面並不塡寫姓名。可勿過慮。衆無異言。於是各教友先後購劵得美金四千餘元。總理後偕黃三德周遊美國各地鼓吹洪門會員總註册。卽恃此款爲旅途之需。總理初意原欲在美奠立興中會基礎。惟結果所得正式宣誓入會者祗有數人。當時耶教青年有志入會者。原非少數。徒以司徒南達牧師危辭聳聽。致有志者稍形猶豫。而總理爲籌餉起見。遂不强之。

舊金山大同日報

美國加省　唐瓊昌劉成禺馮自由

大同日報爲美洲致公總堂原始之機關報。設於舊金山士坡福街。在辛丑年出版。其創辦人爲康有爲弟子區榘甲。區字雲樵。廣東歸善人。在康門中以能文稱。己亥年任橫濱淸議報主筆。時梁啓超有脫離康有爲而與孫總理聯合組黨之議。區亦熱心贊同之一人。旋因康有爲嚴令制止。事遂不成。區被派赴美主持保皇會之文興日報。以昔年居鄉時嘗入三合會。故與致公堂中人往還瀕密。已而遊說堂中書記唐瓊昌組織大同日報。以爲駐美洪門機關。該堂幹事咸韙其議，發刊時瓊昌任經理及譯員。區任總主筆。癸卯冬總理蒞檀香山時。嘗與新中國報記者康徒陳繼儼爲革命保皇問題大開筆戰。區爲援應同門起見。竟於總理入美境時肆意攻擊。謂洪門人士不應爲革命黨所愚弄。致公堂大佬黃三德及該報唐瓊昌初勸區與總理合作。區堅不從。遂下逐客令擯之於門外。暫由總理代理筆政。卽函託馮自由於留日學界中物色主筆。馮初推薦桂人馬君武。馬以事辭。乃改聘鄂人劉成禺。劉於甲辰年（民前八年）春夏間抵美。而大同報之陣容爲之一新。自是全美僑衆之革命思潮。遂因大同報之崇論宏議而一躍千丈。不獨洪門人士爲然也。辛亥七八月間。馮自由爲籌募軍餉事自加拿大至舊金山。大同報更延充記者一席。及鄂省革命軍起。馮劉二人先後歸國服務共和政府。民二年北京政府舉行參議院華僑參議員選舉。唐瓊昌代表旅美華僑總商會回國。以國民黨之助。膺選爲參議員。大同報於民元改稱中華民國公報。民三仍復名大同報。後數年停刊。

上海二十世紀大舞台雜誌　上海　陳去病

此乃陳去病（佩忍）主編之雜誌。與警鐘日報互相呼應。亦因言論激烈被封。

新加坡圖南日報　英屬馬來亞　陳楚楠張永福陳詩仲

圖南日報爲南洋華僑革命黨機關報之鼻祖。出版於甲辰年春。地址在新加坡福建街二十一號。發起人爲尤列陳楚楠張永福等。而資本則全出自楚楠永福二人。初由尤列介紹鄭貫公任該報總編輯。貫公以方籌辦廣東日報辭。乃改聘陳詩仲承之。鄭陳均前任香港中國報記者也。此外更聘尤列爲名譽編輯。黃伯耀何德如康蔭田胡伯鑲邱煥文諸人分任撰述譯務。第一日尤列作發刊詞。署名吳興季子。初印一萬份。後減作一千份。然長期定閱者僅三十餘份。蓋其時風氣未開。各商店多視爲大逆不道。羣起反對。且嚴誡其子弟夥友不許購讀。故出版多日。仍難推銷。僅作宣傳性之贈送品而已。是年冬。圖南報更別開生面。乘慶祝乙巳（民前七年）新禧之機會。印刊一種富有刺激性之月份牌。分贈華僑。以資宣傳。上題「忍令上國衣冠淪於塗炭。相率中原豪傑還我山河」二十字。下題「暫理皇漢帝位滿淸光緒三十一年歲次乙巳爲耶穌降生後一千九百零五年至零六年」及「文字收功日。全球革命潮。圖開新世界。書檄佈東南」等句。中刊自由鐘及獨立旗各一。異常美觀。英荷兩屬各埠華僑工界各團體會所多懸諸座右。而報紙銷場亦因之遞增至二千數百份。發刊將及二年。以其時華僑思想閉塞。銷數不多。因之虧折三萬餘元。楚楠等無法維持。至乙巳年冬遂不得已宣告停版。

上海警鐘日報　江蘇上海　劉光漢汪德淵孫寰鏡

此報係由蔡元培所創辦之俄事警聞改組而成。劉光漢陳去病林獬汪德淵孫寰鏡林宗素等同任撰述。出版後數月。因攻擊淸廷外交失敗。持論激烈。至乙巳年（民前七年）二月二十日爲德國領事照會淸吏強行封禁。幷逮捕主筆劉光漢。光漢聞風逃避得免。

香港廣東日報　香港歌賦街　鄭貫公陳樹人胡子晉

是年世界公益報主筆。鄭貫公因事辭職。另創廣東日報。社址在香港中環歌賦街。擔任撰述者有黃世仲陳樹人王軍演胡子晉勞緯孟諸人。言論與中國報大同小異。是爲香港革命派報紙之第三家。僅發刊一年而歇業。

武昌科學補習社　　武昌　　劉靜菴呂大森王漢

此社爲鄂省志士最初之革命團體。實借學術團體名義以鼓吹革命。創辦人爲呂大森劉靜菴王漢曹亞伯張難先吳貢三何季達朱子龍康建唐歐陽瑞驊胡瑛田桐李亞東龔國煌劉彥歐陽振聲等。成立於是年春間。因呂大森聯絡鄂西會黨事洩被封。劉靜菴乃假高家巷耶教聖公會之日知會書報社另起爐灶。捲土重來。故此社實爲日知會之前身。

武昌日知會　　湖北武昌　　劉靜菴曹亞伯馮特民

日知會爲鄂省革命志士劉貞一（靜菴）馮特民吳貢三殷之衡季雨霖吳崑張難先曹亞伯等所組織。附設於武昌高家巷耶教聖公會之內。聖公會牧師胡蘭亭亦會員之一。先後入會者有黃軫胡瑛宋教仁朱子龍李亞東梁鍾漢等數百人。表面爲一閱書報社。實則以運動軍學會黨各界企圖革命爲目的。至乙巳（民前七年）東京同盟會成立。乃改組爲同盟會鄂分會。

長沙華興會　　湖南長沙　　黃軫馬福益劉揆一

甲辰年春。湘人黃軫（後改名興）劉揆一陳天華楊守仁等在日本發起華興會。企圖回湘大舉革命。留日湖南學生入會者頗不乏人。遂於是年夏秋間自日返長沙。由劉揆一介紹哥老會龍頭馬福益合作。更由同志陳天華章行嚴譚人鳳劉道一蕭堃柳繼貞鄒永成宋教仁胡瑛柳聘儂諸人各分途進行。楊守仁則駐上海策應一切。會員先後加盟者四五百人。多屬學界分子。因聯絡祕密會黨頗不便利。黃劉等乃於華興會外。另設同仇會專爲聯絡會黨機關。仿日本將佐尉軍制。編列各項組織。黃自任大將。兼會長職權。劉揆一任中將。掌理陸軍事務。馬福益任少將。掌理會黨事務。瀏陽普集市於每月某某等日。例開牛馬大會。屆期各鄉村羣以牛馬犬豕各種獸類赴賽。蒞會者凡數萬人。爲湖南全省有名之墟集。與會羣衆泰半隸哥老會籍。故哥老會亦規定是日爲拜盟宣誓之佳節。同仇會即於同日舉行馬福益之少將授與式。由劉揆一代表會長黃軫親給馬以長槍二十枝。手槍四十枝。馬四十匹。並監督宣誓儀式莊嚴。觀者如堵。自是哥老會員相繼入會者不下十萬人。聲勢在庚子唐才常一役之上。黃劉馬等之大計劃。預定於甲辰九月清太后萬壽節日。在長沙岳州衡州寶慶常德等處。分五路起事，先期在省城萬壽宮之皇殿下。預藏大炸彈一具。候全省文武官吏屆時到場行禮。卽行燃放。以期一網盡之。然後各路同時發動。一切布置。略已就緒。詎於萬壽節前十餘日。有會黨何少卿郭鶴卿二人以機事不密。在湘潭縣城被縣吏逮捕。其大體計劃亦被探悉。湘潭縣令卽飛報湘撫俞廉三告變。駐湘潭之哥老會行堂有號飛毛腿者。知事已洩。乃走報馬福益。馬時駐湘潭屬之茶園鋪礦場。距縣城五十里。得訊後卽令飛毛腿馳赴省城。告黃劉使速戒備。黃寓明德學堂對門。劉寓保甲局巷彭希民宅。得警後。以各處準備未竣。不得已匿跡他所。以避清吏搜索。未幾湘撫派兵查緝各黨人寓所。全城騷擾。黃乃避居吉祥巷耶教聖公會。由牧師黃吉廷同志曹亞伯保護出險。劉亦繞道赴漢口。得免於難。馬福益由湘潭逃桂。次年返湘欲圖再舉。爲湘撫端方擒殺。

長沙明德學堂　　湖南長沙　　龍璋黃軫秦毓鎏

此校設於長沙北門正街。創辦人爲湘紳龍璋胡元倓等。教員有黃軫（後易名興）秦毓鎏張繼鄭憲成翁浩諸人。以宣導民族主義爲宗旨。湖南革命人物以出自此校爲最多。是冬華興會失敗。此校亦被封禁。

長沙東文講習所　湖南長沙　黃軫張繼秦毓鎏

此校乃黃軫秦毓鎏張繼等創辦。設於小吳門正街。名爲教授日文。實爲華興會之活動總機關。華興會事洩。亦被封禁。

醴陵淥江學堂　湖南醴陵縣　劉揆一等

此校爲華興會分機關。劉揆一任監督。專經理各路發難事宜。

長沙同仇會　湖南長沙　馬福益劉揆一

是爲華興會之特別組織。專以聯絡哥老會爲目的。主持人爲馬福益劉揆一蕭桂生游德勝等。是役失敗卽由會黨何少卿郭鶴卿二人在湘潭先機被捕所致。

長沙修業學堂　湖南長沙　龍璋胡元琰黃軫

長沙經正學堂　湖南長沙　龍璋胡元琰黃軫

以上二校性質與明德學堂相同。均由湘紳龍璋等創辦。亦由黃軫秦毓鎏翁浩鄭憲成張繼周震鱗等分任各科教員。

長沙作民譯社　　湖南長沙　　張鎮衡秦毓鎏

此社以講求實學翻譯新書爲宗旨。社址在長沙府東街。主持人爲張鎮衡。助之者則有秦毓鎏刕浩鄭憲成諸人。黃軫等常假此社爲聯絡革命機關。

長沙聖公會　　湖南長沙　　黃吉廷曹亞伯

耶教聖公會在長沙吉祥巷。黃吉庭任駐會牧師。曹亞伯亦寓此。亦爲華興會活動機關之一。是役失敗。黃軫避匿黃吉庭家。由曹亞伯張繼二人護送出險。

江西自強會　　江西萍鄉九江　　鄒永成董福開黎民望

自強會爲湘贛二省志士鄒永成吳任黎民望董福開等所組織。以聯絡兩省會黨合謀革命爲宗旨。萍鄉九江均有機關。曾有響應長沙華興會之計畫。由鄒永成往返聯絡。以長沙事敗而止。

上海青年學社　　上海新閘路　　黃軫萬福華劉揆一

社址在上海新閘新馬路餘慶里。黃軫等自湘逃滬後。卽集旅滬同志劉揆一等。組織學社爲機關。因皖人萬福華鎗擊前桂撫王之春於金谷香西菜館案株連。黃軫郭人漳等被捕。旋開釋。學社由是被解散。

紐約致公堂	美國紐約皮爾街十八號	黃佩泉雷月池伍洪賞
波士頓致公堂	美國波士頓哈利信街廿九號	梅宗炯
洛山磯致公堂	美國洛山磯郵箱二二八號	楊廷光呂統積
山爹古致公堂	美國山爹古第二街三四五號	譚淦明
紐柯連致公堂	美國紐柯連杜爾街二〇七號	陳秋圃
美疏喇致公堂	美國美疏喇郵箱九十三號	黃煖家
亞蘭達致公堂	美國亞蘭達唐人埠	不詳
巴士杰致公堂	美國巴士杰唐人埠	不詳

是年孫總理爲致公堂修訂洪門舉行總註册章程。由該堂推舉總理與黃三德二人遊歷各埠。演講洪門救國眞理美國各地設有致公分堂者凡百數十埠。以上述數埠會員較爲熱心。

橫濱三合會	日本橫濱	馮自由梁慕光秋瑾

是年春夏間。留日志士梁慕光駱觀明等爲聯絡國內秘密會黨起見。創設三合會於日本橫濱山下町。先後入閣者有馮自由胡毅生李自平秋瑾劉道一仇亮曾貞王時澤廖翼朋等二十餘人。

嘉興溫台處會館　浙江嘉興　敖嘉熊魏蘭丁鑅

上海愛國學校學生浙人敖嘉熊藉倡辦團練爲名。創辦溫台處會館爲革命機關。成立於是年九月。推魏蘭爲總理。浙江志士陶成章呂熊祥丁鑅祥趙卓陳乃新馮豹陳夢熊等爲幹事。幷設副會館三處。規模頗大。後因所營商業失敗。遂致瓦解。嘉熊後於戊申（民前四年）二月在嘉興被人暗殺。

上海光復會　上海　龔寶銓蔡元培陶成章

癸卯年秋。軍國民教育會實行員龔寶銓自日歸國。是冬與同志組織光復會爲進行機關。舉推蔡元培爲會長。會址暫設愛國女學堂。徐錫麟呂熊祥趙卓蔡元康秋瑾陳伯平馬宗漢劉光漢吳春陽等先後訂盟。入會者以皖湘兩省志士爲多。

處州雙龍會　浙江處州　王金寶吳應龍管馬德

雙龍會亦浙江祕密會黨之一。因票布上畫有雙龍。故名。會主爲一拳教師。名王金寶。是歲十月前金寶得蔡元培陶成章信。令接應長沙華興會之義師。金寶遂令所部管馬德預備發難。事爲淸吏偵悉。捕獲金寶於桐廬。遂在處州城殉義。後吳應龍代領其衆。

革命運動第二十年乙巳

民國紀元前七年
清光緒三十一年
陽曆一九〇四年

機關名稱	所在地	主要人姓名
東京二十世紀之支那	日本東京	白逾桓田桐宋教仁

是爲留東學界一部革命志士所創辦月刊之一種。撰述人有白逾桓田桐劉炳標（仲文）魯魚程家檉宋教仁陳天華蔡序東諸人。第二期所載蔡序東撰論文排擊日本之侵華政策甚力。被日政府勒令停刊。

機關名稱	所在地	主要人姓名
貴陽樂羣小學	貴州貴陽	張忞彭述文平剛

黔省志士張忞彭述文平剛樂嘉藻等是年創辦樂羣小學於貴陽。漸以民族主義爲教材。同志蒲劭光亦續辦乙巳小學以應之。是爲黔人宣傳排滿之嚆矢。

機關名稱	所在地	主要人姓名
潮州第一次革命軍	廣東潮州	許雪秋吳金銘陳宏生

潮州人許雪秋世居南洋。素有志革命。在南洋受閩人黃乃裳粤人尢列等薰陶。於甲辰年冬企圖

回粤起事。在潮州經營數月。成效漸著。得同志吳金銘蕭竹荷李子偉吳金彪余丑余通陳湧波林鶴松劉龍蒼林蒼龍黃得勝林惠卿謝明星薛金福劉榮華羅木斗等數十人。勢力日盛。遂於乙巳年正月十二夜召集諸同志在宏安鄉自宅寄雲深處開會討論起事方略。推定雪秋任革命軍司令。陳芸生吳金銘李杏坡李子偉吳東昇吳金彪蕭竹荷余通余丑陳湧波等分任各職。更設法向潮汕鐵路當局運動取得承辦鐵路建築工程之特權。密派余丑余通陳湧坡等爲築路工頭。使招集同志七百人充鐵路工人。復由吳金銘以紳士名義禀請道府鎮台准在潮安上七都祠招募團練四百名。亦以同志充之。均約定三月十五日同時起事。詎因李杏坡用人不愼。其部下在華美鄉運動事洩。被清總鎮黃金福偵知。遂派哨官梁棟元將杏坡拿獲斬首。杏坡旣遇害。吳金銘同時被捕。劉龍蒼乃約邑紳郭竹君等聯名保釋。旋復有人告發。謂吳劉俱革命黨。辭連許雪秋。道府派委員陸桂元劉英生密查。許聞之。乃身懷手鎗。隻身向潮州道署自投。侃侃抗辯。道員某以許曾捐納道台銜。係地方大紳。且屬舊識。遂不深究。併吳劉二人釋之。許經此次蹉跌。乃自赴南洋募集經費。企圖再舉。

檳角華暹日報　暹羅檳角　蕭佛成陳景華王斧

清知縣陳景華被粵督岑春萱通緝。亡命抵暹。與僑商蕭佛成沈荇思黃杏洲馬興順等創辦此報。漸鼓吹革命排滿。與香港中國日報通聲氣。先後撰述人有蕭陳及王斧康蔭田胡毅生盧仲琳等。是爲暹僑宣傳民族主義之開始。社址在檳角（近譯曼谷）生日橋側。

比京同盟會　比利時京城　史青魏宸組賀之才

是年春。孫總理自美國抵比利士京城。與留學生史青魏宸組胡秉柯賀之才朱和中等組織最初之同盟會。會址設在杯的街二百二十四號史青寓所。時尚未定名中國同盟會。

德京同盟會　德京柏林　朱和中劉家佺賓步程

留德學生繼續加入同盟會者。有劉家佺周澤春賓步程錢匯春陳匡時馬德潤馮承鈞等多人。通信處爲柏林安哥拜查街七十九號。

列日城同盟會　比國列日城　孔偉虎劉文貞等

比利時同盟會通信處設於列日城更色街十三號。孔偉虎劉文貞等主持之。

巴黎同盟會　　法國巴黎　　魏宸組唐豸王鴻猷

孫總理自柏林抵巴黎。留法學生先後加盟者。有唐豸向國華馮承鈞王鴻猷石鴻翥黃大偉高魯王發科石瑛王相楚湯薌銘等多人。未幾王發科王相楚湯薌銘等三人忽至總理寓所盜取盟書。向淸公使孫寶琦自首。爲衆所不齒。其後會所設於日耳曼街七十號魏注東寓。

東京中國同盟會本部　　東京麴町區　　孫總理黃興陳天華

是年六月孫總理自南洋抵日本。邀集全國各省留日有志者於是月二十八日開會於東京麴町區檜町內田良平寓所。到會者有總理黃興陳天華宋教仁馮自由張繼梁慕光吳春陽程家檉黎勇錫胡毅生朱少穆但燾時功玖田桐曹亞伯馬君武董修武鄧家彥張我華何天炯康寶忠謝良牧劉道一蔣尊簋張伯喬汪兆銘朱大符古應芬金章杜之杕姚粟若魯魚柳聘儂孫元李四光宮崎寅藏內田良平等六十餘人。除甘肅一省外。餘十七省人皆有到者。首由總理說明開會理由。幷提議定名爲中國革命同盟會。衆以本會爲祕密組織。恐爲實行之阻礙。卒以討論結果。簡稱中國同盟會。時有主張對滿同盟會者。總理謂革命黨宗旨不專在排滿。當與廢除專制創造共和並行不悖。衆贊成。次提議以驅除韃虜恢復中華創立民國平均地權十六字爲誓辭。某某數人於平均地權有疑義。要求取消。總理乃起而詳細解釋。卒以大多數通過。次由黃興提議。請贊成者書立誓約。於是會衆由總理執行舉手宣誓式。宣誓之外。總理並授以祕密口號「漢人」「中國物」「天下事」三事。隨與各會員一一行新握手禮。繼復由衆公議各會員盟書於幹事部未成立前。暫付託總理保管。而總理盟書則衆推黃興保管。將散會時。室之後部以會場人衆。坐席卒然坍倒。總理謂此乃顛覆滿清之兆。衆大鼓掌歡呼。衆復推舉馬君武汪兆銘陳天華等爲會章起草員。十日後復假赤阪區霞關子爵阪本金彌邸開第二次成立會。會場與清公使館密邇。會員多有誤投使館者。是日通過會章後。投票選舉孫公爲總理。黃興爲庶務。陳天華爲書記。宋教仁程家檉等爲交際。謝良牧爲會計。鄧家彥爲執法部長。馮自由汪兆銘等爲評議員。曹亞伯胡毅生等爲各省主盟員。復復提議發刊黨報事。衆贊成。議定每會員須捐助出版費五元。即民報是也。

香港同盟會　香港德輔道　陳少白馮自由謝英伯

香港中國同盟會成立於乙巳年秋冬間。是歲六月杪。孫總理創設同盟會本部於東京。八月初十日首派馮自由李自重二人至香港廣州澳門等處組織分會。馮抵港卽與陳少白籌商改組興中會爲同盟會。新舊同志先後加盟者。有陳少白李紀堂容星橋鄧蔭南鄭貫公李自重黃世仲陳樹人李樹芬鄧警亞盧信廖豐子溫少雄梁擴凡李孟哲李伯海諸人。衆舉陳少白爲會長。鄭貫公爲庶務。馮自由爲書記。黃世仲爲交際。會所卽假中國日報社長室爲之。香港分會向例須兼西南各省之軍務黨務。及海外各地之交通事務。故分會長一職極爲重要。成立未久。總理卽由日本赴南洋。船過港時在舟中召集同志開黨務會議。及十一月黃克強亦來。旋繞道赴桂林擬運動淸防營統領郭人漳反正。此外鄂人吳崑湘人梅霓化李燮和等因公來往湘桂鄂粵諸省。均由香港分會招待之。丙午（民國前六年）八月中國報改組。陳少白辭同盟會長職。衆舉馮自由代之。次年丁未爲同盟會在西南各省軍事最活動之時期。總理先後派胡漢民汪兆銘二人駐港協助馮自由進行一切。時受任發動廣惠潮梅欽廉各屬軍務者。有許雪秋黃耀廷鄧子瑜余紹卿劉思復王和順諸人。分派各方協助者。則有方瑞麟喬義生方漢成李思唐郭公接方次石池亨吉萱野長知（池萱均日人）謝良牧謝逸橋張煊張谷山張樹柟朱執信胡毅生何克夫譚劍英莫偉軍柳楊谷鄧慕韓劉樾杭諸人、在諸受任發動人中、許雪秋於是年二月策動潮州饒平浮生埠會黨奪取潮州府城。屆時偶值風雨大作。不能集合而止。四月復策動余既成陳湧波等在潮州黃岡城舉事。以械劣失敗。九月日人萱野長知租用日輪幸運丸載運大量軍械駛至惠州汕尾海面。港分會預派雪秋屆時接械大舉。雪秋以措置不善致誤事機。鄧子瑜則擔任惠州發難之責。嘗遣林旺陳純孫穩等起事於歸善縣七女湖。與清軍轉戰十餘日至彈藥告竭始散。劉思復於四月杪入廣州謀炸清提督李準。以響應潮惠之師。詎於　月初一日因裝置炸彈失慎。斷去一臂。為警吏拘捕入獄。以上數役為港分會直接指揮之軍事。其他八月欽州防城之役及戊申(民國前四年)二月欽州馬篤山之役。則由總理在越南河內親自發動。港分會祇任供應軍用品之責而已。故丁未戊申兩年同為港分會處理港務最殷繁之時期。而丁未尤為緊張。各方同志來往港地者。幾於應接不暇。因是於中國報社之外。另在堅道及普慶坊摩理臣山道灣仔進教園皇后大道各街。分設招待所多處以收容之。至於黨務亦異常發達。先後派出代理主盟員及軍事聯絡員多人分赴廣州虎門黃埔澳門潮汕歸善博羅梅縣興甯連州北海梧州潯州柳州南甯廈門各地發展黨務。及聯絡軍隊。各方同志於此兩年相繼加盟者有張谷山姚雨平何克夫譚劍英莫偉君黃旭昇陳佐平溫子純陳純林旺孫穩詹承波吳金標余既成余通陳湧波林英俠蕭竹漪李子偉許佛童陳二九林伍張人傑（靜江）周覺（伯年）倪映典方紫楠黃伯淑李煜堂謝英伯巴澤憲盧岳生李海雲葛謙譚馥嚴國豐曾傳範黎萼羅樹霖楊希說周毅軍李濟民蕭思長劉古香張鐵臣韋立權劉培欽林菊秋等千餘人。及戊申冬十一月。湘人葛謙譚馥等欲乘清帝后逝世。運動駐廣州防營反正。葛親至香港謁馮自由致電請總理接濟。並邀黃克強譚人鳳二人來粤主持。馮葛未得總理覆電而事洩。全局瓦解。葛謙嚴國豐譚馥等死之。港粤同志乃祕密開會追悼。並醵款卹其遺族。己酉（民國前三年）以前港分會忙於軍事。不便大張旗鼓招攬黨員以避偵探耳目。自戊申三月河口革命軍失敗。同盟會元氣大傷。軍事進行因之停頓一年有餘。遂得專心黨務。改取開放主義。以廣收同志為務。是年二月特闢新會所於德輔道先施公司對門某樓。榜其名曰民生書報社。黨員日常開會不復如前之祕密。另在廣州省垣河南分設機關名守眞閣。由高劍父潘達微徐宗漢朱述唐梁煥眞等籌備成立。會務亦頗發達。是年港粤兩地加盟者有劉一偉陳元英馬達臣譚民三李以衡陳逸川黃軒胄關非一何麗臣何劍士梁煥眞何輯民陳自覺梁藻如杜藥漢陳瑞雲蔡忠信潘達賢莫紀彭李文甫林直勉羅道膺黃俠毅張志林陳哲梅何振馬小進易俠胡津林廖俠劉守初陳俊朋李昌漢李文啓李少穆朱潤芝洪承點容銓陳恭譜麥瑞祺陳炯明黃洪昆王占魁江運春尤龍標甘永宣易培之黃宗漢蘇美才孫武等二千餘人。就中以倪映典所招致新軍兵士居大多數。惟無名册可考。至十一月民生書報社以會所過狹。復遷於中環德輔道捷發號四廔。易名少年書報社。庚戌（民國前二年）春馮自由因改就溫高華埠大漢日報之聘。辭退會長一職。衆舉謝英伯承之。謝於辛亥年夏赴檀香山。由陳逸川代理會長。己酉秋冬間同盟會南方支部成立。與港分會劃分職權。自後西南各省黨務軍事由支部主之。香港一方黨務由分會主之。衆舉胡漢民爲支部長。汪兆銘爲書記。林直勉爲司庫。冬十一月倪映典自廣州來港報告運動廣州新軍成績。衆決議大舉。即電駐美國孫總理請求接濟。並邀黃克強趙聲譚人鳳來港主持。十二月間黃趙譚先後到港。總理自美國三次電匯到八千元。同志李海雲亦提其商號存款二萬餘元以充義舉。衆以籌備成熟。定期庚戌正月初旬大舉。詎因新軍兵士於除夕以購名片細故。與警察發生爭執。

遽成軍警互相毆鬬之大風潮。粵督袁樹勛聞變。立派防營彈壓。遂成敵國。倪映典初擬勸新軍勿遽暴動僨事。及正月初二早抵燕塘。知大勢無可挽救。遂毅然領導全軍發難。以各鎗枝扳機及彈藥早爲清吏密令繳去。致戰鬬力全部損失。遂爲清軍所敗。竟以身殉之。是役功敗垂成。洵爲歷次義軍之最大憾事。南方支部經此失敗。黃克強趙聲胡漢民等乃赴南洋檳榔嶼謁總理籌劃再舉。是年冬。總理號召各埠同志。擬集巨款作捲土重來之計。南洋美洲諸地黨員均如響斯應。踴躍以從。黃趙胡等遂返港設置革命軍統籌部以策動一切。是即辛亥三月二十九廣州黃花岡之役。實佔全部革命史最輝煌之一頁。是役香港及各方往來同志莫不奔走駭汗。爲義師盡力。其壯勇義烈可歌可泣之事迹。已有專書紀錄。茲不贅述。及是歲八月武昌革命軍起。南方支部先後遣派黨員分赴全省各路策動響應。而駐港各同志亦多自動赴義。惟恐不力。用成辛亥九月廣東省城不流血而收功之殊勛。是則香港同盟會員多年奮鬬之結果。不容湮沒者也。

香港有所謂報　　香港　　鄭貫公黃世仲陳樹人

是報又名唯一趣報。係一小型日刊。設於荷理活道。撰述人有鄭貫公黃世仲陳樹人盧偉臣駱漢存王軍演盧星符等出版於是年八九月間。甚爲港中各界歡迎。是爲香港革命黨報之第四家。次年以鄭貫公病故停刊。

東京民報　日本東京　胡漢民汪兆銘章炳麟

是報出版於是年十月二十一日。爲同盟會之惟一機關報。社址在東京牛込區新小川町二丁目八番地。編輯及經理人有陳天華胡漢民汪兆銘朱執信章炳麟劉光漢汪東湯增壁張繼黃侃陶成章吳崑張我華諸人。於宣導海內外革命思潮。排斥保皇君憲邪說。厥功最鉅。出版至二十四號而止。第一期序文爲孫總理手撰。始確定三民主義名稱。

東京高野方　日本東京　孫總理

同盟會成立之前。孫總理原居橫濱山下町。及民報社成立。總理爲聯絡各省及日本同志起見。特移居東京牛込區築土八幡町二十一番地。榜名曰高野方。蓋總理有日名曰高野長雄。故以爲號。

新加坡南洋總匯報　英屬馬來亞　陳楚楠張永福許子麟

圖南日報原爲陳楚楠張永福二人合力創辦。是年夏以資本不繼停刊。陳張等乃聯絡許子麟沈聯芳陳雲秋等合資另設南洋總匯報。以爲之繼。仍宣傳革命如故。陳雲秋素主中立。畏登激烈文字。因與陳張等大生意見。至次年丙午春。遂提出抽籤拆股之議。結果爲陳雲秋所得。陳後延徐勤區榘甲伍憲子爲主筆。此報遂爲保皇黨蟠據。與中興報大開筆戰。

西貢堤岸同盟會　　越南西貢堤岸　　黃景南劉易初李卓峯

乙巳年冬孫總理偕黎仲實胡毅生鄧慕韓等自日本到越南西貢。該地法國銀行正副買辦曾錫周馬培生及僑商李竹癡等大爲歡迎。西貢爲法國商行林立之區。而華人商店及各大米絞則在附近之堤岸。故總理留西貢一二日。即赴堤岸就華僑之歡迎會。該地閩粵商人李曉初李卓峯劉易初黃景南關唐李亦愚顏太恨潘子東諸人招待優渥。即日成立同盟分會。衆劉易初爲會長。李卓峯副之。卽以易初所設之美萩街三〇四號昌記行爲通信機關。自後西貢堤岸兩埠同志對於粵桂滇三省革命軍事。均先後醵助巨款。爲他處僑商所不及。就中以曾錫周馬培生李卓峯所捐爲最巨。總理到西貢數次。錫周培生等有求輒應。毫無吝色。黃景南開設賣豆芽小店。市人稱之曰牙菜祥。每日恆以所得投入撲滿中。貯爲捐助革命之需。時人聞而義之。丙午年秋香港中國日報改組。李亦愚潘子東顏太恨等合認新股三千餘元。中國日報大得其助。

香港李陞格致書院　香港皇后大道　李紀堂鄺華太

是年興中會員李紀堂爲紀念其父李陞。特於遺產內撥款十萬元。創設李陞格致書院於香港皇后大道。以養育科學人材爲宗旨。延聘舊金山興中會會長鄺華太博士爲校長。開校數月。華太猝然病故。是校遂亦停辦。

西貢彭西寓　越南西貢　彭西

彭西爲前菲律濱獨立軍代表。獨立軍事敗。由日本遷居越南西貢拜里連街一百四十號。孫總理與之相交莫逆。每過西貢時往訪之敘闊。

紹興大通學堂　浙江紹興　徐錫麟龔寶銓陶成章

徐錫麟首創是校爲革命運動機關。龔寶銓陶成章呂熊祥趙卓陳伯平竺紹康等佐之。於是年八月二十五日開學。最重兵式體操。規模整然。越年丙午七月。延秋瑾主其事。全浙各派會黨咸受部勒。成爲光復軍之大本營。丁未五月徐錫麟安慶兵敗。秋瑾旋亦被逮殉義。是校同時封閉。

西貢李安利寓　越南西貢　李安利孫總理

孫總理與法國參謀部接洽。多由法人李安利經手。李寓西貢波利倭特街九十號。總理船過西貢時往接談。

仰光仰光新報　緬甸仰光　莊銀安秦力山徐贊周

此報設於緬甸京城仰光納達街二十號。發刊於甲辰（民前八年）年。創辦人為閩商莊銀安徐贊周等。初主張保皇立憲。是年春湘人秦力山至緬。痛斥康梁君憲之非。莊等豁然覺悟。此報論調逕一變。刊載秦著革命箴言六七萬言。緬僑大為震奮。後為保皇黨籍之股東反對停刊。越年銀安等另創光華報為同盟會機關。

香港光漢學校　香港九龍　史古愚李自重伍漢持

此校在香港九龍油麻地。教員為史古愚李自重伍漢持陳典方諸人。專提倡軍國民教育及兵式體操。全港學校靡然從風。為港吏所忌。擬逐李自重出境。至次年丙午被逼解散。

廣州采南歌劇團　廣州河南　李紀堂程子儀陳少白

是為粵人改良新戲之濫觴。出資人為李紀堂。編劇人為陳少白程子儀。園址設於廣州市河南海幢寺。以改革陋俗及灌輸民族主義為宗旨。劇本有黃帝征蚩尤六國朝宗地府革命文天祥殉國諸種。風行二年後解散。

廣州羣報　　廣州西關　　雷震陳止瀾沈孝則

此報設於廣州市第九甫。主持人為雷震陳止瀾沈孝則等。與香港中國報公益報有所謂報互相通氣。刊行不過半載。

廣州時事畫報　　廣州西關　　潘達微高劍父陳垣

是為全國惟一之畫報。繪畫及撰述人有潘達微高劍父何劍士陳垣岑學侶等。繪畫及文字多諷刺時政。抨擊官吏。以敢言聞。翌年丙午停刊。

仰光中華義學　　緬甸仰光　　陳甘泉莊銀安秦力山

此校創辦於癸卯年（民前九年冬。）係旅緬僑商陳甘泉莊銀安徐贊周林溯重杜誠誥等集貲組織。專以教育華僑子弟為目的。是年湘人秦力山來緬。陳等乃請其修訂章程為民族主義教育。

緬僑傾心民族主義自茲始。

干崖軍國民學校　雲南騰越干崖　刁安仁秦力山盧若連

是歲夏雲南騰越干崖土司刁安仁有志光復。倡辦軍國民學堂。特派盧若連至仰光聘秦力山任校長。力山率學生陳仲赫五人就聘。冬十月十一日力山忽染病逝世。校亦停辦。

仰光商務調查會月刊　緬甸仰光　徐贊周張石泉蕭少山

是秋七月緬僑徐贊周張石泉蕭少山等因仰光日報爲保皇黨把持。另創商務調查會月刊。以鼓吹民族主義爲主。振興實業爲輔。幷函邀秦力山任編輯。因力山在滇邊病故。乏人主持。未幾停刊。

北京桐城會館機關　北京　吳樾張榕汪炘

是秋清政府派載澤戴鴻慈徐世昌端方紹英五臣赴各國考察憲政。皖人吳樾魯人張榕等密設暗殺機關於北京桐城會館。八月二十六日載澤等動程。吳樾懷炸彈轟炸之於前門車站。樾卽重傷死。載澤紹英微傷。軍警後查悉樾寓桐城會館。捕獲其同志汪炘。

桂林同盟會　廣西桂林　黃興郭人漳葛謙鄒永成

是冬十一月黄興由香港赴桂林。卽在廣西巡防營統領郭人漳所辦隨營學堂内發起組織同盟分會。以大校場校室爲會所。加盟者有人漳及林虎鄒永成雷飈譚道源葛謙曾傳範梅尉南彭新民王德潤陳國良張熙林緯邦劉嘉賢譚二武陶表封楊鋭邦等八十餘人。興原擬策動郭部相機反正。以人漳與蔡鍔不睦。興多方調解無效。不得已離桂轉赴南洋。及丙午（民前五年）春。人漳率所部調粤。桂林黨務由是停頓。

東京羣智學社　　東京麴町區　　胡漢民汪兆銘朱執信

是冬民報出版。執筆人胡漢民汪兆銘朱執信李文範等同寓東京麴町區三番町六十九番地。題曰羣智學社。事實上無異民報初期之編輯部。

新加坡同盟會　　英屬馬來亞　　陳楚楠張永福林義順

新加坡同盟會成立於乙巳年冬。先是孫總理於是歲五月從歐洲赴日本過新埠時。尢列引圖南報同志陳楚楠張永福林義順等登舟相見。總理謂在歐時。德法比諸國留學生已成立革命團體。此行到日本卽當組織革命黨總部。南洋各埠可設分會。不日當由日本寄來章程及辦法。囑各人預爲籌備。楚楠等唯唯。總理蒞日後。即於六月杪與各省志士發起中國同盟會於東京。是冬重遊新埠。適是時該地政府禁止入境之期已滿。楚楠等遂歡迎登陸。籌設立同盟分會。爲南洋英荷兩屬之總機關部。假晚晴園爲會所。首次開會加盟者。有陳楚楠張永福林義順許子麟劉金聲黃耀廷尤列鄧子瑜張華丹吳悟叟林幹廷張秉庚等十二人。衆舉楚楠爲會長。永福副之。許子麟爲會計。林義順爲交際。以後陸續加盟者。有丘煥文何德如沈聯芳盧耀堂李曉生李渭川謝己原謝心準謝儀仲黃乃裳許雪秋鄭聘廷胡少翰何心田李凌溪黃康衢陳武烈陳芸生林文慶陳嘉庚林航葦黃吉宸吳應培陸秋露周之貞康蔭田徐統雄周華羅仲霍黃鶴鳴李文楷李竹癡郭淵谷胡伯驤等四百餘人。繼復派員分赴英荷兩屬及緬甸各埠設立分會。楚楠等更向各埠同志招股重組黨報。於丁未（民國前五年）七月出版。即同盟會南洋唯一機關之中興日報是也。戊申（民國前四年）二月。總理從越南河內移駐新埠。寓東陵東明律一一一號。會務益形發達。是歲四五月間。黃克強胡漢民以雲南河口之役兵敗。亦先後離越南到新。是役敗軍將士華雲卿等六百餘人被越南政府遣送前來新埠。英官初不許入境。經總理向當地政府聲明爲政治犯。並非亂民。幷使楚楠永福等向當路保證一切。始許登陸。是時對於革命軍將士之給養問題極形困難。總理楚楠乃介紹於檳榔嶼吉隆坡吡叻文島各埠工廠礦場農場。使各安生業。戊申年秋。總理以英荷兩屬各地陸續成立分會及通信處者。日百數十埠。乃更設立南洋支部以統治之。特派胡漢民爲支部長。另訂中國同盟會分會總章十六條及通信辦法三條。通告各處團體。一律遵守。時河口敗軍將士雖已多方設法安置。然以分子複雜。良莠不齊。常發生妨害地方治安情事。清領事更藉端要求英吏干涉革命黨行動。因之黨務進行愈形棘手。翌年己酉(民國前三年)春。總理遂將南洋支部移於檳榔嶼。自赴歐美籌餉再舉。

台山聯志社　　廣東台山　　李自重李是男陳元英

是年粵省各地爲美國新訂華工禁約。紛紛發起拒約會。以抵制美貨爲號召。時有台山縣志士李自重李是男陳元英黃球等亦組織聯志社於台城西寧市以應之。名爲拒約。實則宣傳革命。常以外交失敗爲題。排斥滿洲政府。

革命運動第二十一年丙午

民國紀元前六年
清光緒三十二年
陽曆一九〇六年

機關名稱	所在地	主要人姓名
吳淞中國公學	江蘇吳淞	易本義秋瑾姚洪業

乙巳冬日政府頒布取締支那留學生規則。留學界之激烈派大憤。陳天華蹈海死。易本義田桐秋瑾等主張歸國最力。遂於次年丙午創辦中國公學於吳淞。藉以安置歸國學生。校務日漸發達。皈依革命之青年多以是校爲尾閭。馬君武姚洪業陳伯平梁喬山譚心休于右任等均任教員。是歲章炳麟出獄。曾迎至公學招待。

機關名稱	所在地	主要人姓名
上海中國女報	上海虹口	秋瑾陳伯平

是報設於虹口祥慶里。名爲女報。實一革命實行機關。秋瑾日在內試驗危險品傷手。陳伯平亦傷目。

機關名稱	所在地	主要人姓名
上海健行公學	上海西門	高旭朱葆康陳陶怡

是春同盟會本部派高旭回滬組織江蘇分會。地址在西門小菜場寧康里。藉辦學爲幌子。朱葆康陳陶怡柳亞子沈礪陳去病吳修源等分任幹事及講師。是校實繼承昔年愛國學校之統緒。革命青年出身是校者甚衆。

上海夏聽渠寓　上海西門　夏聽渠朱葆康柳亞子

是爲同志夏聽渠養病之所。距健行公學不百步。同志因健行公學鋒鋩太露。每次開會均假夏寓爲之。是秋謠傳清吏將封禁健行公學。乃徙於八仙橋鼎吉里四號。仍標曰夏寓。當調元陳家鼎傅專劉光漢蘇曼殊楊作霖廖子良等先後在此寄寓。及次年徐錫麟秋瑾案發。健行公學始解散。

上海競業旬報　上海鐵馬路　傅專謝肖莊丁慧仙

是報出版於丙午夏秋間。地在鐵馬路愛而近路慶祥里。撰述者有傅專謝肖莊丁慧仙胡適數人。專以提倡民族主義爲宗旨。刊行不及一載即停版。

新加坡陳連才商號　英屬馬來亞　陳楚楠

陳連才商號在新加坡美芝律街三二七號。即陳楚楠家所設老店。孫總理於乙丙丁三年來往電報多由此店代轉。

新加坡星洲書報社　英屬馬來亞　鄭聘廷林航葦

是爲星洲革命同志鄭聘廷林航葦等所組織最老之書報社。地在新加坡丹絨巴葛禮拜堂樓上。同志多假此社爲集會機關。

香港中國日報第八年　香港德輔道　馮自由李煜堂李紀堂

是年與中國日報合併之文裕堂書店瀕於破産。秋八月馮自由李煜堂李紀堂等乃集資向文裕堂承購中國日報。免爲保皇會攙奪。衆推馮自由任社長。移社址於上環德輔道三〇一號。陳春生盧信廖平子仍任記者。

天津法國參謀部　天津法租界　廖仲愷布加卑

是年法國參謀部有意協助中國革命。特派武官布加卑駐天津。使與孫總理合作。總理特派廖仲愷赴津任譯員。以通消息。另派黎仲實喬義生胡毅生各隨法武官分赴川滇粵桂黔及長江沿岸各省調查革命黨實力。數月後武昌日知會卽因喬義生與法武官演說革命被封。

小呂宋廣調茂商號　　菲律賓小呂宋　　楊豪侶歐陽鴻鈞林日安

小呂宋向未設革命團體。有僑商楊豪侶歐陽鴻鈞林日安何寶衡等專以宣傳革命反對康梁爲事。以歐陽鴻鈞所開廣調茂商店爲機關。時與香港中國報通聲氣。郵箱爲小呂宋一百〇七號。

溫高華華英日報　　加拿大溫高華　　周大霖崔通約

旅加拿大耶教徒周大霖周耀初等首創此報以開通民智。地在該埠希士廷街一百號。延崔通約爲主筆。因爲保皇黨反對。遂漸皈依革命。翌年被保皇黨構陷而致停刊。

巴黎新世紀報　　法國巴黎　　李石曾張靜江吳敬恆

是報爲我國人提倡無政府主義之元祖。并鼓吹無宗教無家庭等學說。主持者有李石曾張靜江吳敬恆褚民誼數人。地在巴黎濮侶街四號。

東京復報　　日本東京　　雷鐵崖田桐高旭

是報爲留日學生所創辦。假東京神田古今圖書局爲發行所。執筆者有雷鐵崖田桐高大梅柳亞子諸人。議論激烈。文字淺顯。較民報規模略小。

湖北同盟會　　湖北武昌　　余誠劉靜菴吳崑

丙午春同盟會本部派余誠回鄂組織湖北分會。劉靜菴遂偕日知會全體會員加盟。即以日知會舊址爲會所。衆仍推靜菴爲總幹事。黨務因之日形發達。旋派吳崑赴香港訪黃興磋商起兵計畫。興以軍餉未備囑崑返鄂靜候。是歲五月孫總理派喬義生偕法國軍官歐極樂到鄂考查革命黨在鄂實力同盟會開會歡迎因演說革命異常激烈爲淸吏所知。遂時加以戒備。十月萍瀏革命軍起。靜菴等欲圖響應十一月底淸吏派兵圍搜聖公會先後逮捕靜菴及朱子龍梁鍾漢胡瑛季雨霖李亞東吳貢三殷之衡等多人。靜菴子龍瘐死獄中。胡瑛等至辛亥武昌起義始出獄。

香港少年報　　香港海旁　　黃世仲楊計伯康蔭田

此報爲黃世仲創辦。設於香港上環海旁。撰述人有黃世仲楊計伯康蔭田等。規模略同有所謂報。

香港東方報　　香港荷理活道　　謝英伯劉思復陳樹人

是年春有所謂報社長鄭貫公病故。同志陳樹人盧偉臣等另改組東方報。社址仍在香港荷理活道。執筆者有劉思復陳樹人謝英伯胡子晉盧偉臣盧星符諸人。出版未及一年而停刊。

東京鵑聲月刊　日本東京　雷鐵崖董修武李肇甫

是爲一種月刊。主張革命排命最激烈。撰述人有雷鐵崖董修武李肇甫等。均蜀省留日學生。

東京雲南雜誌　日本東京　呂志伊楊振鴻趙伸

是爲雲南留日少數學生所辦。提倡滇省獨立最力。執筆者有楊振鴻呂志伊何畏張大義趙伸諸人。戊申（民前四年）雲南河口革命軍起。任事諸人相率返國。因而停刊。

東京洞庭波月刊　日本東京　陳家鼎楊守仁甯調元

是爲湘省留日學生陳家鼎楊守仁仇亮甯調元等發刊。規模與復報略同。而篇幅較爲豐富。次年改組爲漢幟。

東京直言月刊　日本東京　杜義等

是爲河北省留日志士杜義所創。內容與洞庭波略同。抨擊滿清官僚政治不遺餘力。

上海克復學報　上海　不詳

克復學報爲上海革命諸志士所創辦。內容與國粹學報大同小異。闡揚民族精神尤不遺餘力。發刊不及一載。

上海國粹學報　上海　章炳麟黃節鄧實

是報專以提倡國粹爲主義。爲一種月刊。執筆人有章炳麟黃節劉光漢鄧實等。風行一時。

檀香山民生日報　夏威夷島　曾長福盧信張澤黎

檀山新報主人程蔚南因年老辭職。僑商曾長福等另集資改組爲民生日報。遷於詩密士街一〇一六號。延聘留日學生盧信爲編輯。因保皇黨勾串美國移民局控告盧信犯報館主筆不得入境之禁例。經盧等向美京抗爭得直。自後中國主筆遂可援學校教員到美之慣例同樣入境。

東京四川月刊　日本東京　雷鐵崖李肇甫等

鵑聲雜誌停刊後。留日志士雷鐵崖等再集同志發刊是報。以資金不繼。僅一月而止。

檳榔嶼同盟會　英屬馬來亞　吳世榮黃金慶

是年孫總理派陳楚楠林義順等至檳榔嶼（又名庇能）開設同盟分會。加盟者有吳世榮黃金慶陳新政丘明昶徐洋溢徐宗漢薛木本陳璧君等諸人。衆舉吳世榮爲會長。通信由緞羅申街德昌行轉。

檳城書報社　　英屬檳榔嶼　　黃金慶陳新政等

是社爲此埠僑商黃金慶吳世榮陳新政等所組織。地址在甘榮園九十四號。黃金慶爲社長。

吉隆坡同盟會　　英屬馬來亞　　阮英舫陳占梅陳秋傑

此地爲英屬雪蘭峨島之大埠。由新加坡同盟會派員開設分會。加盟者有阮英舫阮德三阮卿雲陳占梅陸秋傑王清江劉儀丘怡領王存贊諸人。通信由該埠格蓮街五十五號祥興號轉。

河內同盟會　　越南河內　　孫總理胡漢民黃隆生

是冬孫總理由日本移革命策動機關至河內甘必大街六十一號。專經營粵桂滇三省軍事。同盟分會亦附設其內。胡漢民汪兆銘黎仲實王和順孫壽屏池亨吉往來皆下榻於此。會員有黃隆生楊壽彭羅錞吳梓生甄吉廷梁秋張翼樞盧仲琳張邦翰張奐池諸人。自丁未（民前五年）十月廣西鎮南關一役失敗後。清政府迭向法國政府要求驅逐總理離越。總理遂於戊申（民前四年）二月赴新加坡。此地暫由胡漢民坐鎮。後數月漢民亦往南洋。

河內廣東會館　越南河內　張奐池黎仲實

會館地在河內維力士街。張奐池爲書記。是年同盟會成立後。張專任通信各地事務。幷任香港中國報代理人。會館內附設廣東小學。黎仲實嘗任教員。

海防萬新樓　越南海防　劉岐山甄璧陳耿夫

海防同盟會附設於萬新樓地。在台灣街三十二號。同志劉岐山甄璧陳耿夫林煥廷等主持之。

新加坡永興祥旅店　英屬馬來亞　鄧子瑜

庚子惠州革命軍敗將鄧子瑜避地新加坡。改名朱氏。開設旅店於牛車水大門樓九十五號。名曰永興祥。惠州各縣來往同志咸奉爲東道主。是年孫總理抵新加坡。令子瑜集合舊同志預備再舉。是冬子瑜歸香港。翌年丁未五月遂有惠州七女湖之役。

南京珍珠橋營部　江蘇南京　趙聲倪映典林述慶

是年趙聲任江南新軍三十二標標統。駐南京珍珠橋。時在營部演講革命。同志倪映典林述慶冷遹柏文蔚楊希說蘇曼殊等咸參加其間。興高采烈。次年爲江督端方偵知。將之撤職。

安慶安徽公學　　安徽安慶　　孫毓筠范傳甲段雲書

皖省革命同志往來安慶者。恆借安徽公學爲通信處。范傳甲吳春陽萬福華孫毓筠段雲書自日回皖。卽寄跡於此。是年冬孫段等在南京被逮。供辭始涉及公學。

堤岸廣逢泰商號　　越南堤岸　　李曉初李卓峯

是爲李曉初李卓峯昆仲之老商店。地在堤岸廣東街。兄弟均輪值爲華僑幫長。孫總理抵越時。招待頗殷。卓峯被推爲堤岸同盟會副會長。

西貢法國銀行辦房　　越南西貢　　曾錫周馬培生

香山人曾錫周爲西貢法國銀行買辦。新甯人馬培生爲副買辦。均於同盟會成立以前認識孫總理。自後革命諸役曾馬二人均捐助鉅款。爲南洋華僑首屈一指。總理每過西貢必往訪之。

香山武峯閱報社　　廣東香山　　劉樾杭劉思復

是冬香港同盟會派劉樾杭劉思復昆仲至香山石岐西門外武峯里報設立書報社。以宣傳革命。因會員寥寥。數月而散。

興甯興民學堂　　廣東興甯　　蕭惠長張谷山謝逸橋

留東學生謝逸橋何天翰回國。在嘉應州興甯縣城創辦興民學堂。以宣導民族主義爲宗旨。同志張谷山蕭惠長等均任教員。

東京明明社　　日本東京　　谷思愼杜義朱炳麟

明明社爲留日西北各省志士杜義朱炳麟康寶忠谷思愼景定成趙世鈺棨福桐諸人所組織。目的在介紹西北各省學生加入同盟會。先經此會審查然後引進之。

東京東斌學校　　日本東京　　黃克强小室健次郎

日本官立陸軍學校向不許中國自費學生入校肄業。我國留學私費生之有志軍事者常引爲憾事。是歲黃克强與日同志小室健次郎洽商由日本軍事教育家組織私立軍事學校以訓練我國青年。得彼邦在野軍人之同情。設立專校曰東斌學校。我國留學生入校者頗衆。革命黨員出身該校者。亦不乏人。

合肥城西學堂　　安徽合肥　　吳春陽范傳甲

同盟會員吳春陽是歲由日回安慶。投身礮營運動兵士反正。事洩。偕范傳甲返合肥。創辦城西學堂。大倡革命。被清提學司告發。逃遁得免。

武昌安郡公益社　湖北武昌　彭養光趙鵬飛

此社附設於鍾祥學社。乃湖北安陸府鍾祥京山天門潛江各縣旅省軍學人士所設。目的在聯絡感情及共謀地方公益。社長爲彭養光。副會長爲趙鵬飛。社員多革命黨籍。故自日知會被封禁後。黨人多藏匿是間。張難先季雨霖曾傑張暌聲張學濟等皆嘗居此。

倫敦曹亞伯寓　英國倫敦　曹亞伯石瑛盧少岐

留英同盟會員以倫敦格納罕加望區格利路四十六號曹亞伯寓所爲通信處。楊守仁吳敬恆盧少岐石瑛等均假之傳達消息。

大連同盟會遼東支部　大連　宋教仁白逾桓吳崑

是歲宋教仁白逾桓吳崑偕日人末永節赴大連。設同盟會遼東支部。各深入東三省運動馬賊。謀佔據奉天。因在鐵嶺招兵事洩。逾桓被捕。教仁崑等逃日。宋著「間島問題」一書未幾出版。

黃岡日新學社　湖北黃岡　吳貢三殷之衡吳崑

日新學社爲老儒吳貢三講學之所。貢三素宗黃梨州王船山學說。殷之衡吳崑王漢等咸出其門。各方革命青年多來就教。所著「孔孟心肝」「作新民」「破夢雷」諸書皆闡揚革命之作。因與武昌日知會通聲氣。是歲十一月清吏特派兵輪至黃州捕之。判十五年監禁。辛亥光復始出獄。

福建同盟會　福建福州　黃光弼鄭祖蔭吳適

是歲同盟會本部派黃光弼回閩組織分會。先後加盟者有陳更新馮超驤吳適鄭祖蔭林斯琛嚴驥劉元棟陳天凡劉鋒諸人。衆推鄭祖蔭爲分會長。辛亥三月二十九廣州之役。閩省會員應林時㙮之召。聞命赴義者四十餘人。有足多者。

連江光復會　福建連江　吳適曾守輝黃湞增

連江屬閩省福州。邑人吳適入同盟會。旋在其鄉組織光復會。卽同盟會之別稱。加盟者百數十人。辛亥三月廣州之役從吳適赴粵參加者。有曾守輝陳清欽黃道增林發明等十餘人。

萍瀏醴洪江會　江西萍鄉　龔春台姜守旦蕭克昌

湘省哥老會首領馬福益於甲辰（民前八年）殉義後萍鄉瀏陽醴陵各屬會黨首領龔春台（年之台化名）姜守旦（歐陽篤初化名）馮乃古蕭克昌鄧廷保等久欲伺機爲之復仇。是歲夏有同盟會員禹之謨甯調元魏宗銓等設法聯絡。使龔等組織革命機關。預備大舉。龔等咸爲感動。乃在萍鄉屬蕉園開會。公議立六龍山。號洪江會。推龔春台爲首。並設總機關於麻石上栗市全勝紙筆店。是年六月復開大會於大嶺下彈子坑慧歷寺。決定是年十二月底各地同時大舉。并派代表赴日本請同盟會指示方略。

萍鄉大漢光復軍　江西萍鄉　龔春台廖叔保沈益古

洪江會決定大舉後。因機事不密。首領李金奇蕭克昌迭被清軍擒殺。遂於是年十月倉卒舉事。先佔萍鄉上栗市爲根據。稱大漢光復軍南軍先鋒隊。晉推龔春台爲都督。蔡紹南魏宗銓廖叔保沈益古爲統帶。二十日向瀏陽縣前進。佔領楓林潼塘等各城鎮多處。至二十五日清軍各路雲集。黨軍人數雖衆。以缺乏槍械。遂爲所敗。

瀏陽新中華南部恢復軍　湖南瀏陽　姜守旦鄧廷保馮乃古

洪福會首領姜守旦向與龔春台等主張不同。自稱新中華大帝國南部恢復軍。聞萍鄉黨軍倉卒起事。遂率衆萬餘人進攻瀏陽縣城。進至南門。亦因缺乏洋鎗爲清軍擊潰。鄧廷保馮乃古均殉於此役。

淮揚革命軍實行部　江蘇揚州　楊卓林廖子良李發根

是歲秋冬間同盟會員楊卓林廖子良李發根奉命由東返國。擬運動江浙兩省軍隊及會黨起事。作林自稱南洋淮揚等處革命軍都督。偕廖李二人赴揚州設立機關。冬十二月被清江督端方密探劉炎蕭亮設阱誘擒。幷搜獲炸彈多件。楊判死刑。廖李判監禁五年。

遼瀋聯莊會　滿洲奉天　趙中鵠顧人宜徐鏡心

聯莊會爲東三省反清義民所組織。成立於庚子辛丑間（民前十一二年）。乙巳後革命志士顧人宜趙中鵠劉雍甯武楊大實等時徙聯絡。始與革命黨發生關係。是歲宋教仁白逾桓吳崑徐鏡心張榕先後抵大連設立同盟會遼東支部。由是東三省各地均有革命黨足跡。辛亥秋武昌起義後。關外各地民軍紛起響應。多屬聯莊會所發動。

長沙同盟會　　湖南長沙　　禹之謨

湘鄉人禹之謨歷年在湘開辦紡織工廠及創設貧民學校。素負工商學各界重望。是歲春受黃克強委託辦理湖南同盟會。假湘鄉會館內惟一學堂爲會所。各界人士由其介紹入會者頗衆。并代推銷東京民報。是夏因主張公葬陳天華姚宏業兩烈士於嶽麓事。招忌於當局。六月被清吏捕送靖州。十一月二十一日就義。

樂清明強女學校　　浙江樂清　　陳夢熊　敖嘉熊

此校係浙江志士陳夢熊所創辦。是年四月因在校演說革命。且散佈其友敖嘉熊所著新山歌。被劣紳胡倬章向知縣何某指控。以新山歌爲證。夢熊聞風逃避。後得著紳陶葆廉孫貽讓向浙撫張曾歇爲二人力保。卒坐胡倬章以誣告之罪。何某亦撤任。此案至翌年丁未三月始結。

革命運動第二十二年丁未

民國紀元前五年
清光緒三十三年
陽曆一九〇六年

機關名稱	所在地	主要人姓名
香港普慶坊招待所	香港普慶坊	胡漢民汪兆銘廖平子

是春二月胡漢民汪兆銘萱野長知等隨孫總理過港。馮自由特租普慶坊某號四樓爲同志招待所。胡漢民汪兆銘黃耀廷劉思復廖平子許雪秋萱野長知等均在此下榻。

機關名稱	所在地	主要人姓名
汕頭鐵路公司	潮州汕頭	許雪秋謝逸橋王爵廷

是春許雪秋奉孫總理命由南洋回粵。與謝逸橋王爵廷等辦理潮梅軍務。因謝王二人均在潮汕鐵路公司供職。故假汕頭至安街鐵路公司爲通信處。鐵路工人多受部勒。

機關名稱	所在地	主要人姓名
澳門樂羣書室	澳門	劉樾杭周芷沅劉思復

是春馮自由派同志劉樾杭周芷沅等設同盟會通信處於澳門荷蘭園和隆街二十一號。劉思復因試驗炸藥。炸傷面部。卽在此處。

虎門陸軍講武堂　廣東虎門　曾傳範譚馥馮坤

虎門陸軍講武學堂爲清提督李準所創辦。曾傳範譚馥奉香港同盟會命運動學生入黨。學生馮坤爲馮自由之弟。擔任聯絡事務。越年戊申（民前四年）十一月廣州白布會與水提親軍營之策動。與有力焉。

南寧法文書院　廣西南寧　王和順林百中

廣西黨首王和順是春奉孫總理命由安南西貢回桂聯絡會黨起事。其通信地址由香港馮自由轉寄廣西南寧城內中街法文書院林伯中轉。和順在南寧常往來近城七十里之揚美墟老友梁植堂家。植堂係有名之三合會首。

梧州文明閣　廣西梧州　韋立權譚劍英

文明閣書店設於廣西梧州大南門外。由香港同盟會派同志韋立權譚劍英等主持。幷料理招攬同志事務。

潮州第二次革命軍　潮州潮安　許雪秋黃偉齋余丑

丙午春間。孫總理委任許雪秋爲中華國民軍東軍都督。使在潮嘉等處相機發難。是年冬。許自南洋歸汕頭。遂約各路主任在宏安鄉許宅大會。決議定期丁未年正月初七日大舉發難。派定蔡乾初擔任籌款。薛金福偕喬義生李思唐張煊郭公接往饒平浮山埠布置一切。屆期率衆於夜間進攻潮州府城。黃偉齋率潮城內十八館各同志爲內應。余丑余通陳湧波蔡德吳煥章偕方漢城赴黃岡。羅飛雁赴揭陽。黃得勝赴惠來。謝良牧謝逸橋吳東昇李子偉等暗率同志多人藏匿於潮汕車站蔡家祠敵山台潮安內城各處。均預備分頭響應。陳芸生蕭竹荷擔任運動揭陽礮臺兵弁反正。一切籌劃均已就緒。及期。許與謝良牧方瑞麟李次溫等策馬馳往潮城。在湘子橋下之小舟守候。將馬拴於東門外之鋪欄。專候各地同志來會。以便率領進攻。詎是夜春雨淋漓。黃偉齋先引同志數百人自浮山行至澄福舖。忽然風雨大作。不利行軍。各鄉同志來會者。亦以集合不便。旋聚旋散。黃偉齋薛金福等恐首尾隔閡。往來傳達消息者數次。至東方發白。尚無動作。許知事已中變。始囑黃偉齋通知各地同志暫行分散。自赴香港訪胡漢民馮自由等謀再舉。是爲許雪秋經營之第二次。

潮州第二次革命軍　潮州饒平縣黃岡　余丑陳宏生陳湧波

許雪秋自於是年正月失敗後。即命潮州饒平縣黃岡鎮黨首余丑（既成）陳湧波余通等預備發難。俟惠州方面鄧子瑜布置就緒。即由香港返汕頭分頭起事。詎黃岡黨軍久欲乘間起事。因械缺遲遲未發。迨聞有同志二人被清兵拘捕。余丑陳湧波等即集合同志於城外連厝墓。商議營救二人之策。僉謂非速攻擊清吏。二人必不能生還。於是不候雪秋消息。聚衆千餘。於十一晚九時往撲黃岡協署。與清軍劇戰。由戌至寅。勝負未分。陳湧波主張分兵攻城內各衙署。以孤虜勢。於是一面與清軍相持。一面往攻各署。須臾各署清吏或逃或死或被執。而黨軍亦將協署頭門焚燬。清軍失其屏障遂降。黨軍復入拓林司署。擒其司官巡檢王繩武及城守把總蔡登科。均以抗命行誅。都司隆啓被擒。是役黨軍陣亡二人。傷者十餘人。黃岡既克。黨軍遂依革命方略所規定布告安民。令各行店照常交易。剷除一切苛捐。人民悅服。同時收各衙署之械。計得土鎗千餘。多殘缺不可用。衆以火器不利。且香港汕頭方面許雪秋等未來。遂未進攻。時有人主張速攻潮郡及分攻詔安二策。因部署未定。卒不見用。時清兵備道沈傳義逃至汕頭。數電粵督周馥告急。周督乃令統帶胡令宣率第十二營水師提督李準率親軍三營續備隊一營。迅往救援。幷電商閩督請派漳州鎮馬某督帶福毅常備軍赴詔安堵截會攻。另電痛責總兵黃金福立功自贖。黃鎮不得已率其部下往汫洲要道。十四日同志方漢城陳宏生從汕頭趕至。衆以陳爲許之助手。暫推爲臨時司令長。而以孫文名義布告一切。合邑翕然。是日蔡德在外孚山市捕獲潮郡巡警總局督帶邱焯及偵探林清等數人械而誅之。香港同盟會至十三日始知黃岡事已發動。是早各報電報略有登載。方次石因在廈布鄉製炸彈失愼受傷。由汕頭至港。卽偕許雪秋謁馮自由胡漢民等報告各事。十四日許率同志十餘人赴汕。李思唐自攜炸彈七枚登岸。其餘同志則分赴各地催促響應。十四晚黨軍探報黃金福駐兵汫洲。衆議往攻。推陳湧波率隊往。黎明始至。爲邏卒所覺。遂接戰。陳湧波卽分黨軍爲二。猛勇進攻。然地形險峻。而土礮不敵洋鎗。至午遂北。傷數十人。死十餘人。陳湧波旣敗。卽命蔡德赴黃岡求援。黨衆聞耗幾潰。余丑乃披髮誓衆。衆感動。誓以死戰。聲勢復壯。蔡德復率衆往救。以清軍武器精能及遠。黨軍不能支。乃羣負濕水棉胎藉以避彈。易鎗爲刀。與敵撲戰。清軍陣勢大亂。將次潰退。忽喇叭聲大震。清軍遊擊趙祖澤在堅灶率兵由水路至。將敗之清兵得此生力軍爲助。勢復振。黨軍前後受清軍夾攻。所發土鎗不能及遠。死傷數十人。漸失其戰鬬力。遂下令退却。而麻陜頭旋亦被佔。清兵離黃岡僅十里。十七日黨軍開會討論進止。僉謂械劣彈乏。不堪再戰。宣布解散。一部退入烏山嶺。徐圖再舉。是爲許雪秋經營之第三次。

七女湖革命軍　惠州歸善　鄧子瑜林旺陳純

是年春鄧子瑜派惠州黨首陳純林旺孫穩等分三路起事。四月間陳純等乃在歸善縣屬距惠州府城二十里之七女湖集合少數會黨。於是月二十二日起事。一舉而刼奪清軍防營鎗械。斃巡勇及水軍巡船哨弁多人。二十五日進攻泰尾。守兵聞風而逃。於是連克楊村三達等墟。二十七日至柏塘。清營勇拒戰。黨軍殺其哨弁一名。盡繳其械。隨分攻八子爺公莊等處。各鄉會黨紛紛來會。聲勢大振。惠州府縣兩城紛電廣州營務處告急。粵督迭接惠州府陳兆棠請兵電。乃檄調駐惠各路營勇東路巡防各營管帶洪兆麟李聲振吳鰲等率所部會勦。繼恐兵力不敷。復調新會右營守備中路巡防第十營管帶鍾子才趕速赴援。時黨軍有衆二百餘人。横行於水口横瀝三徑蔗浦等處。所向披靡。初二日洪兆麟率兵到八子爺。爲林旺率黨軍五十八人從山上邀擊。洪中鎗墜馬。所部死傷極衆。李聲振鍾子才各部亦連戰俱北。省城爲之震動。粵督復電飭水師提督李準。移攻黃岡之師從汕頭往援惠州。順道由澳頭登陸。黨軍與清軍混戰十餘日。來去飄忽。使清軍防營爲之疲於奔命。嗣得鄧子瑜自香港派人來報。知黃岡事敗。他處亦未響應。且彈藥缺乏。勢難持久。遂拔隊至梁化墟附近村落。將鎗械埋於地下。然後宣佈解散。

汕頭幸阪旅館　潮州汕頭　許雪秋萱野長知喬義生

許雪秋在潮汕運動革命時。租賃汕頭幸阪旅館以招待各方同志。喬義生方漢城日人萱野長知等卽寓館中。後因時有偵探窺伺。乃移於角石醫院。

香港蘭桂坊許宅　香港　許雪秋方瑞麟吳金標

是年許雪秋受任東軍都督。經營潮梅各屬軍務。卽在香港蘭桂坊設立機關。招聚同志。幷派方瑞麟吳金標等在灣仔組織招待所多處。潮州黃岡及惠州汕尾二役均在此機關部策動。

廣州鳳翔書院　廣州舊倉巷　張谷山劉思復陳敏孫

鳳翔書院在廣州城內舊倉巷。五華縣人張谷山租得院內第三棟爲長樂縣學生留學公所。實爲運動軍隊學生之革命機關。是年五月初一日劉思復偕谷山在此製造炸藥。謀炸清提督李準失愼。案發。思復被逮。谷山逃香港。

廣州張大夫第　廣州制台前　張樹枏

是爲同志張樹枏之祖居。在總督署前。樹枏於日本法政畢業後。丙午冬偕朱執信同返粵。任法政學堂教員。專擔任傳達廣州香港間革命消息。劉思復謀炸李準之役。與有力焉。

廣州豪賢街朱宅　廣州城內　朱執信

朱執信寓城內豪賢街四號。劉思復謀炸李準一役。亦預其謀。張谷山於劉思復炸傷之晨。卽逃至朱宅剃鬚易服。逃香港乃免。

歸善廣榮商號　廣東惠州　周毅軍

濱人周毅軍乃番禺知縣周汝敦之弟。時任惠州歸善縣稅捐委員。有心革命。時與馮自由鄧子瑜李濟民等通聲氣。以歸善水東街廣榮商號爲通信處。黨人頗得其力。

連州三江番攤公司　廣東連州　黃旭昇莫偉軍

興中會員黃旭昇牧師自檀香山歸國。願偕同志莫偉軍在連州擴張黨務。馮自由從之。通信由連州三江番攤公司王神父轉。另一地址在三江墟兩等小學堂。

番禺大塘鄉萬馨茶樓　　廣州河南　　李福林黎廣譚義

是年李福林譚義黎廣李菱等自越南海防返粵。孫總理介之往見中國日報馮自由。使互通消息。約定以廣州市南關海勞街泉馨茶樓及菲菜欄新和號。又番禺河南大塘萬馨茶樓爲通信機關。其後胡毅生亦執信與福林聯絡。即在萬馨茶樓。

上海通運公司　　上海福建路　　張靜江周伯年

巴黎新世紀報主人張靜江是夏由法歸國。所開買賣古董之通運公司設於上海福建路四百〇八號。十月廣西鎮南關之役。靜江曾匯交香港中國日報馮自由收五千元。即由通運公司匯出。是年靜江偕周伯年遊港二次。

潯州廣亨商號　　廣西潯州　　黃和順劉錞欽

孫總理於是春由越南堤岸暫派黃和順回廣西經營軍事。其通信處爲廣西潯州大皇江埠廣亨商號劉培欽轉張德卿即和順改名。

東京河南月刊　日本東京　劉積學張鍾端朱炳麟

留日豫省學生於丙午歲創辦豫報雜誌爲宣導文化機關。後以有人主張君憲。同盟會員曾昭文朱炳麟劉積學張鍾端等乃將豫報停刊。改名河南。鴻文偉論。足與浙江潮江蘇媲美。出版十期而止。

東京中國新女界　日本東京　燕斌劉青霞

此月刊爲留日河南女學生燕斌劉青霞所發刊。朱炳麟任發行人。實爲留東女學界組織女報之先河。出版至第六期。以論文有「婦女實行革命應以暗殺爲手段」等標題。被日警廳禁止出版。

上海神州日報　上海　于右任楊守仁汪德淵

是報乃于右任楊守仁汪德淵葉德裕俞懷秋王无生等所發刊。於是年二月出版。自警鐘日報停刊後。革命黨人所刊日報。此爲第一家。主張較蘇報國民日日報爲和平。刊行未及一載即燬於火。事後于右任辭退。仍由楊守仁葉仲裕汪德淵等續辦。

東京晉聲雜誌　日本東京　景定成谷思愼景耀月

是雜誌爲留日山西學生景定成榮福桐榮炳谷思愼景耀月等發刊。亦宣導民族主義。僅出版數期而止。

東京漢幟社　日本東京　陳家鼎杜義寧調元

洞庭波停刊後。未編入陳家鼎寧調元等旋聯絡同志景定成杜義仇亮等創辦漢幟月刊。言論淺顯激烈。僅出兩期。

東京醒獅雜誌　日本東京　高旭寧調元柳亞廬

是雜誌亦宣傳革命排滿。撰述人有高旭陳去病甯調元柳亞廬等。規模略同江蘇月刊。亦以短期停刊。

新加坡中興日報　英屬馬來亞　田桐居正胡漢民

南洋總匯報被保皇黨佔據後。南洋革命黨人之喉舌瘖啞將及二年。是年七月始重建中興日報。與康徒徐勤區榘甲伍憲子等大開筆戰。先後執筆者有田桐王斧居正胡漢民陶成章汪兆銘張紹軒方瑞麟林時塽林希俠何德如周杜鵑等。是爲南洋革命黨言論之總樞紐。至庚戌（民前二年）夏間。因資金不繼停刊。

開封大河書社　　河南開封　　李焵齋羅殿卿劉醒吾

是年留日豫省志士派李焵齋羅殿卿劉醒吾三人回豫任宣傳工作。李等在開封開一大河書社。專代售各種革命書報。并招待往來同志。後被清吏查封。李焵齋被通緝。

香港堅道招待所　　香港堅道　　胡漢民林時塽田桐

是爲香港同盟會招待所之一。地在堅道七十號。胡漢民夫婦在此主持。林時塽田桐譚劍英莫偉斌等均在此下榻。是年九月惠州汕尾運械失敗之役失敗後。乘幸運丸押運軍械之日人萱野長知定平伍一等多人到港後皆寓此屋。張人傑到港即在此入同盟會。

九龍青山農場　　香港九龍　　李紀堂陳純林旺

李紀堂自壬寅（民前十年）廣州洪全福一役失敗後。即斥資在九龍青山島開設農場。兼營畜牧。凡各地失敗而被通緝之同志多收容之。是年惠潮兩屬事敗。黨人逃港後多被清吏派員跟蹤搜捕。并誣以強盜罪名。事前馮自由均遣至青山農場暫避。如七女湖黨首陳純林旺孫穩及汕尾黨首許佛童等是也。

香港馬禮遜山道招待所　香港灣仔　胡漢民譚人鳳田桐

是年秋冬間堅道同志招待所移於灣仔馬禮遜山道二十七號。時胡漢民已赴越南河內。其夫人駐此。同志胡毅生李文範田桐譚人鳳何克夫譚劍英柳聘儂林時塽何天炯莫偉斌來往各地。均在此下榻。

廉州中學堂新軍營　廣東廉州　趙聲巴澤憲

廣州新軍標統趙聲是年春夏間統兵駐廉州。與孫總理及黃興相約相機反正。并與馮自由約定通信由駐該處營部新軍前隊隊官巴澤憲（字也民）轉。

廉州小學堂新軍營　廣東廉州　趙聲毛執官胡毅生

同盟會派胡毅生何克夫譚劍英莫偉斌四人分駐清將欽州郭人漳及廉州趙聲軍部。以資聯絡。毅生易名張焜。通信由廉州小學堂新軍糧臺毛執官轉。

黄埔陸軍小學　　廣東黄埔　　趙聲方紫枏葛謙

是春趙聲任黄埔陸軍小學提調。同志胡毅生王秋湄方紫枏等均任教員。故黨人在校極爲活動。及趙聲調駐廉州後。香港同盟會特派湘人葛謙爲此校學生聯絡員。

佛山黄照普書館　　廣東佛山　　陸蘭清陸蘭培黄照普

廣州附城著名劇盜陸蘭清蘭培兄弟是冬派員至香港願加入同盟會革命工作。馮自由允之。陸之祕密通信地址爲南海佛山北勝横街黄照普書館。

安慶光復軍　　安慶巡警學堂　　徐錫麟陳伯平馬宗漢

光復會首領徐錫麟久欲利用政權以實行革命。乙巳年冬到安徽得清皖撫恩銘信任。謀得安慶巡警學堂會辦一職。至丁未春夏間。遂與秋瑾相約皖浙二省同時起義。原定五月廿八日大舉。詎聞祕密外洩。乃提前二十六日。乘恩銘赴巡警學堂行畢業禮時。率同志陳伯平馬宗漢等突然發難。伯平首向恩銘擲一炸彈。未爆發。錫麟乃連放手鎗。伯平宗漢隨之。恩銘連中七鎗，重傷後移時乃死。屬吏陸永頤車德文顧松等伏誅。隨從各司官皆鳥獸散。錫麟於是率學生多人攻佔軍械局。

而清兵大至。錫麟抗戰四小時。伯平陣亡。錫麟宗漢被擒不屈。死之。是役清吏死傷數人。學生亦死數人。清兵死者百餘人。清吏搜獲光復軍大元帥印及告示多件。遂藉此大興黨獄。

紹興光復軍　浙江紹興　秋瑾

浙江光復軍首領秋瑾於丁未正月就紹興大通學堂校長之聘。受任未幾。即召集金華處州各屬會黨吳琳謙徐買兒周華昌王金發等入紹興商討起義方略。幷設體育會訓練有志者學習兵操。各地會黨來受訓者百餘人。隱然執全浙會黨之牛耳。至五月間籌備成熟。遂與安慶徐錫麟相約同時大舉。詎錫麟因風聲外露。提前於二十六日起事。槍殺皖撫恩銘後。以援絕失敗。與陳伯平馬宗漢同殉於此役。瑾原約各地會黨王金發等於六月十日同時發難。及六月初一日閱報始悉安慶敗訊。異常悲悼。時浙撫張曾敭已派標統李益智率兵赴紹興圍捕。衆學生事前咸勸瑾出走。瑾不應。學生乃紛紛散去。初四日清兵圍搜學校。殺學生數人。瑾束手就捕。初六日紹興府貴福殺之於軒亭口下。

金華光復軍　浙江馬陵山　蔣紫飛高達

金華會黨徐順達徐買兒等原與秋瑾約期舉事。事前被清吏逮捕下獄。及七月以後。其友蔣樂飛高達高蓮等率衆起義於馬陵山，欲救徐等出獄。浙撫派參將沈棋山自東陽往攻。樂飛攻擊破之。未幾杭城復派大兵增援。樂飛等以械竭力盡。相將死焉。

台州光復軍　浙江台州　裘文高

浙江會黨首領竺紹康王金發等原與秋瑾相約於是年六月初十日入紹興大舉。未及期而案破。乃避往台州。裘文高因假其名率衆數百人於十月十六日起事。與清將劉慶林所部大戰於白竹村。獲慶林斬之。杭城大震。浙撫派一標三營管帶張某一標二營馬志勛督軍赴援。文高拒戰不利。遂由嵊縣撤退至東陽入仙居而散。

安慶岳王會　安徽安慶　范傳甲吳春陽張勁夫

皖省革命志士是年有岳王會之組織。入會者多武備練軍學堂學生。范傳甲吳春陽鄭贊丞等任幹事。倪映典熊成基柏文蔚張匯滔龔鎮鵬管鵬楊希說等均有關係。

雙溪烈啓智學堂　荷屬文島　李柱中陳方度

湘省同盟會員李柱中（燮和）陳方度等是冬就荷屬文島雙溪烈啓智學堂教員之聘。是爲革命黨勢力及於荷屬文島之始。

檳港中華學堂　荷屬文島　李天鄰曾連慶李柱中

是校爲僑商李天鄰曾連慶等所創。以宣導民族主義爲教材。延留日學生李柱中易本義等爲教員。

東京漢風雜誌　東京本鄉區　但燾

漢風雜誌專刊載我國歷朝關於宣導民族主義發揚國民精神之文字。編輯人爲湖北學生但燾。社址在東京本鄉區東竹町九番日之出館。

澳門優天影劇團　澳門　黃魯逸黃軒胄歐博明

自廣州采南歌劇團解散後。粵港兩地志士黃魯逸盧梭魂歐博明黃世仲李孟哲姜雲俠等更組織優天影新劇團於澳門。諸志士多粉墨登場。現身說法。對於暴露官僚罪惡及排斥專制虐政。不遺餘力。粵人頗歡迎之。號之曰志士班。開辦年餘。以經費不支中輟。

廣州美華書局　廣州沙面　梁筱瑳

美華書局乃基督教聖經之經售所。耶教徒梁筱瑳主持之，地在廣州沙面一百四十四號。馮自由特託其祕密經售香港中國日報及東京民報。筱瑳卽今全國基督教青年會總幹事。

雲南體操學校　雲南昆明　楊振鴻董鴻勛何畏

雲南留日陸軍學生同盟會員楊振鴻。是年畢業軍校回滇。創立體操學校。提倡軍國民教育。又倡設公學。開演說會抨擊清政甚力。何畏董鴻勛潘煒章徐進蓋皆出其門。以爲滇當局所忌。欲逮之。仍走日本。

長崎寶屋旅館　日本長崎　萱野長知三上豐夷鄧慕韓

日人萱野長知於是年夏奉孫總理命回日購運軍械。卽以長崎寶屋旅館爲辦事機關。助之者有三上豐夷前田九二四郎定平五一金子克己諸人。是歲九月由三上代租得日船幸運丸載械赴廣東惠州汕尾。供許雪秋舉事之用。事前馮自由由香港派鄧慕韓陳二九二人至日偕行。初六日船抵汕尾海面。因許雪秋無船接應卸械。爲清吏覺察。幸運丸不得已轉往香港。是役以是完全失敗。

防城革命軍

欽州防城 王和順梁建葵梁少廷

丁未春夏間。孫總理委派王和順爲中華國民軍南軍都督。使赴欽廉與淸軍將領郭人漳趙聲相機大舉。王易名張德馨先後居郭趙營中多日。乃赴三那各鄉組織民軍。黨首梁建葵梁少廷劉顯明等咸率衆來會。在王光山候機三月。迄難發動。至七月始運動成熟。卽於是月下旬率衆二百餘人。從三那之王光山襲取防城。二十七日開始攻擊。二十八日淸軍駐防衛字營連長劉輝廷及團長唐滿珠率先響應。駐對河之連長李輝堂繼之。黨軍入城。殺淸知縣宋鼎元及其幕賓家屬等十九人。四處張貼中華國民軍南軍大都督王告示。卽日率部衆五百人向欽州府城進攻。欲襲取府城爲根據地。適連日大雨連綿，道路泥濘。有礙行軍。行一日夜始達城外。遙見城上燈火密佈。知已有備。乃下令退卻。駐兵於距府城二十里之地。黃克強在城內聞訊。商諸郭人漳。以出巡爲名。帶兵一連出與和順商議進行方法。克強述人漳意。謂城中有欽廉道王瑚及其所部多營爲梗。欲使和順督所部先進攻廣西。佔南寧後。人漳卽設計除王瑚以反正。並允助和順彈藥。以備進攻。和順不贊成此策。仍主攻城之議。克強不得已乃私約以夜間暗襲。屆時由克強帶兵開城接應。詎王瑚早聞郭部有通敵之報。是夜自領親軍巡城。嚴密設備。克強於夜半開城之計遂以不成。初三晚和順引兵至城外見無接應。知事有中變。仍退駐原處。旋得克強密報告以城中有備不易下手。仍勸令進取南寧。和順以南寧向駐重兵且乏內應亦不易制勝。聞靈山縣城守衛空虛。大可乘隙而襲。於是改議進攻靈山。取道入桂。行三日而至南蓼墟。沿途民團多攜械來投。有衆千餘人。惟槍械則不滿千。再行半日抵檀墟。距縣城約半里。和順預使該處同志陳發初製竹梯三十具。備登城用。詎陳僅製備二具。殊不敷用。乃派精銳二百人先登。登者僅劉梅卿等數十人。後到者因梯折而退。劉等在城內與防軍苦戰一日。傷亡頗衆。城外黨軍因城不易下。乃退至小山。次日有清兵千餘人從南鄉來援。黨軍一面攻城。一面分兵拒敵。劇戰三日。以彈藥告乏。始拔隊退卻。遂由滑石岡、鳳凰山、武厘、北通等處取道回三那。和順以一時無力進取。卽下令解散。並令梁建葵率一部精銳退入十萬大山。以備後圖。己則折回河內向孫總理報告是役失敗之經過。

汕尾革命軍　惠州汕尾　許雪秋許佛章陳二九

是年九月日人萱野長知奉孫總理命在日本購得大批鎗械子彈。乘日輪幸運丸由長崎駛赴惠州汕尾。預派許雪秋接應起事。許派汕尾黨首許佛童籌備。屆時佛童聚衆數千人在海岸守候。萱野偕香港機關所派領港人陳二九及日同志十餘人於是月初六日船抵汕尾洋面。久未見有帆船接應。停泊三小時。始見許雪秋駕一小舟來探消息。萱野責其籌備不善。令速以大船至。雪秋匆匆去。謂數小時後大船必來。詎是時汕尾捷勝沿岸連日因雪秋招集會黨預備大舉。風聲四起。及見日輪停泊近海。沿岸聚觀者萬數千人。清總兵吳祥達先有所聞。曾飭屬戒備。駐守碣石附近之小兵輪忽見日輪在此停留半日。深滋疑惑。乃駛近日輪偵查行動。日輪船員頗爲恐慌。萱野欲將船駛往外海。伺晚間再來。惟船主以該船原屬三井洋行租用。主張遥駛赴香港卸去存煤。再圖別法。萱野不能阻。船遂南行。雪秋時方設法租用帆船出海。見日輪一去不返。大爲懊喪。是役因此完全失敗。事後許佛童居宅被吳祥達焚燬。

平海革命軍　廣東平海　曾儀卿温子純

是歲八月汕尾運械之役既失敗。幸運丸乃將原械運往香港。馮自由乃商請萱野長知將該械運至惠州平海。即派同志曾捷夫曾儀卿叔姪率當地會黨接械起事事前忽被香港日領事令該輪立開駛返日。以避港吏搜查。事又失敗。

神戶三上會社　　日本神戶　　萱野長知三上豐夷宮崎寅藏

是秋汕尾運械之役。萱野長知事前數月預返神戶偕宮崎寅藏向舊友船業商三上會社主人三上豐夷洽商僱船運械事。三上爲代僱三井洋行運煤船幸運丸順道運械至汕尾。即以三上會社爲辦事機關。是役失敗。三上損失極鉅。

上海世界社　　江蘇上海　　張人傑周伯年

此社係巴黎新世紀報出版圖書之機關。經理人爲張人傑周伯年等。出版物有世界大事及世界六十名人夜未央說部鳴不平說部各種。印刷精良。皆由巴黎付梓。戊申年二月上海民呼報出版。該社爲推銷該報起見聲明定閱該報全年者。特送六十名人一册及送書劵一紙。

柳洲富貴陞旅館　　廣西柳洲　　劉古香張鐵臣李德山

是年桂省同志劉古香張鐵臣李德山奉香港同盟會命。赴柳州擴大黨務。設機關於府城弓箭街富貴陞旅館。軍人及學生入會者頗衆。

柳州樟腦公司　廣西柳州　張鐵臣李德山

此公司爲張鐵臣（名治羲）所創。鐵臣與李德山等常藉採辦樟腦爲名。往來柳州潯州各地聯絡會黨。頗爲得力。

東京天義報　日本東京　劉光漢何殷振汪公權

此雜誌專提倡社會主義。爲我國社會主義刊物之鼻祖。創刊人爲劉光漢何殷振夫婦。次年因其戚汪公權私向清江督端方投降。并介紹何氏夫婦投降。由是停刊。

鎭南關革命軍　廣西龍州　黃明堂關仁甫李祐卿

丁未十月。孫總理初派王和順經營廣西邊防一帶軍事。和順與桂邊那模村憑祥土司李祐卿早有聯絡。惟該處遊勇與和順感情不協，總理乃改派黃明堂關仁甫二人代之。明堂事前已遣李祐卿何伍等商鎭南關礮臺守兵聯絡成熟。遂於是月廿七日黎明。率那模村鄉勇八十人。快鎗四十二桿。循山背間道突然向關上右輔山礮臺攻擊。守兵百餘人略事抵抗。卽相率納降。於是鎭南鎭中鎮北三臺皆陸續入革命軍之手。青天白日之革命旗隨風招展。附近遊勇來投軍者。不絕於道。次日駐憑祥清軍防營統領派兵來戰。被革命軍施放大礮擊退之。總理於廿七日上午在河內得電。翌早偕黃克強胡漢民胡毅生盧仲琳張翼樞日人池亨吉法國退職礮兵上尉男爵狄氏諸人。乘越西鐵路前赴戰地。在同登站下車。直向那模村進發。下午到達。卽於是夜燃炬登山。約九時抵關。明堂等奏樂歡迎。全軍鼓舞。時清將陸榮廷尙堅守鎮南關本營。專候龍州大兵到援。日中僅派小隊向三礮臺轟擊。故明堂等亦專候總理親到指揮。然後向龍州大舉進攻。時革命軍所佔據者爲右輔山礮臺。非鎮南關全部。山上分鎮南鎮中鎮北三臺。鎮南何五守之。鎮中李福卿守之。鎮北爲三臺之最堅固者。明堂守之。總理克強諸人皆在鎮北調度一切。廿九日清晨清軍援兵已到。齊向革命軍攻擊。總理乃先檢閱礮臺內部。查得臺上大礮及鎗彈雖多。而鎗枝彈藥極少。不能供作戰及攻取之用。非由越南設法供給不可。時由法將指揮發礮向龍州清軍營盤轟擊。遙見火烟蓬蓬四起。成效頗著。總理以鎗枝缺乏。無法進軍。遂偕克強諸人下山。擬從河內法國洋行購運鎗彈接濟山上。十一月初一日下午行抵河內。卽從事於籌餉購械二事。時有法國銀行家前來接洽。願向本國代募革命軍債二千萬元。惟第一批若干萬元須於佔領龍州之日始能過付。雙方正在協商條件。而十一月初五晚已得鎮南關礮臺失守電。於是借款事遂亦停頓。蓋總理下山後。革命軍堅守三臺數日。清將丁槐龍濟光各路援師大集數逾四千人。取包圍式向山上環攻。明堂等悉力拒戰。迭傷清軍哨弁古景邦黃瑞興馬朝輔等多人。卒以槍彈告罄。糧食不繼。不得已於初四夜棄礮臺而退。時滿山皆敵軍。明堂等率衆衝圍而出。清兵紛紛退卻。革命軍中有一小童。見礮臺上青天白日旗未撤。慮爲清軍所得。竟以一人冒險重登山巔取回該旗。無恙而回。其勇氣有足多者。明堂等下山後。卽令所部退入越南境之燕子大山。待時而動。計是役前後歷時九日。革命軍祇陣亡一人。死傷四人。清軍陣亡二百餘人。傷者無算。

東京大江報　日本東京　黃增耆夏重民盧信

此月刊爲留日粵學生黃增耆夏重民盧信龍裔禧等所創辦。專鼓吹三民主義。幷以灌輸海外華僑新知識爲宗旨。出版僅數期。未幾盧信赴檀香山。旋停刊。

貴陽自治學社　貴州貴陽　張百麟陳永錫黃澤霖

是冬黔省志士張百麟黃澤霖鍾昌祚陳永錫譚西庚諸人組織一愛國團體。名自治學社。旋通款於留東學生平剛于德坤等得同盟會本部許可。認爲黔省通信處。自是黨務逐漸發達。用成辛亥革命黔省響應之大功。

東京共進會　日本東京　張伯祥劉仲文鄧文輝

留東京同盟會員一部蜀人張伯祥余晉城吳祥慈鄂人劉仲文劉英居正湘人焦達峯粵人熊越山贛人鄧文輝等另改組一小團體。名共進會。初期先後入會者有黃毓英張大義孫武方漢城彭素文劉鐵鍾劍秋諸人。爲易於聯絡內地會黨起見。特將同盟會誓辭平均『地權』一語改爲平均「人權」。自後此會勢力分布鄂蜀湘贛各省。是爲辛亥武昌起義主要革命團體之一。

怡保同盟會　英屬馬來亞　區愼剛李源水李孝章

新加坡同盟會成立後。英荷兩屬陸續設置分會及通信處。吡叻怡保會員有區愼剛李源水李孝章湯伯令鄭螺生黃怡益諸人。

芙蓉同盟會　英屬吡叻芙蓉　黃心持朱赤霓伍熹石

芙蓉爲英屬吡叻島中之大埠。同盟會擔任會務者。有黄心持譚容蔡熾三朱赤霓伍熹石等。

瓜勝卑那同盟會　英屬瓜勝卑那　鄧澤如

瓜勝卑那爲英屬吡叻羣島一小埠同盟會在此設通信處卽以富商陸祐之代理人鄧澤如擔任會務

金寶同盟會　英屬金寶　楊朝棟

林明同盟會　英屬林明　馮子芸

太平同盟會　英屬太平　陸文輝陳志安

式叻同盟會　英屬式叻　鄧清泉

庇坡同盟會　英屬庇坡　湯壽山劉靜山

砂勝越同盟會　英屬砂勝越　羅從諫蕭春生李振殿

庇六甲同盟會　英屬庇六甲　李月池沈鴻柏

關丹同盟會　英屬關丹　陸秋露

以上所述九埠均稱同盟會通信處。同於是年秋冬間由新加坡同盟會派員前往開設。凡會員不多者暫稱通信處。

瀘州革命軍　四川瀘州　黎靖瀛謝偉頫

是歲秋冬間有革命黨人黎靖瀛謝偉頫等聯絡四川各府縣孝義會在瀘州敘安等處舉義。宣言以推倒滿清爲宗旨。成都江安隆昌重慶各地會黨紛紛響應。聲勢浩大。清廷派大兵圍剿。卒以缺之新式鎗械。爲清軍所擊潰。偉頫陣亡。靖瀛被捕。

上海慈溪趙公館　上海三家園　張人傑趙菊橋

張人傑爲通信祕密起見。與香港馮自由約。凡關於軍事祕密。通信由上海三家園平橋路慈溪趙公館趙菊橋轉致。

東京政聞社搗亂會　東京神田區　張繼平剛夏重民

是年六月初八日君憲黨人梁啓超楊度陳景仁等開政聞社成立大會於東京神田區錦輝館。革命黨員張繼平剛陶成章夏重民等號召同志多人。謀到場破壞其事。是日會衆約千二百人。政聞社員約百人。中立派約百人。革命黨員逾千人。大有反客爲主之勢。日本名士犬養毅等十餘人亦被邀赴會。梁啓超預僱日本力士保護。登臺演說。一語未畢。張繼厲聲斥之曰。馬鹿馬鹿。於是平剛陶成章夏重民馬伯援等四百餘人齊聲喝打。喉擁向前。梁啓超跳自樓曲旋轉而墮。或以木屐擲之。中頰。張繼平剛等遂跳上演壇。衆大歡呼。政聞社員皆去亦帶徽章以自明。陸續引去。張繼於是大演說革命。場中形勢一變。鼓掌而散。

革命運動第二十三年戊申

民國紀元前四年
清光緒三十四年
陽曆一九〇八年

機關名稱	所在地	主要人姓名
開封同盟會	河南開封南關	楊源懋杜潛楊曾慰

是年同盟會本部派杜潛楊曾慰劉醒吾程克等回豫擴張黨務。杜等召集學界同志楊源懋等開會於開封南關中州公學。衆議決即假此校爲河南同盟會總會所。并繼續設分會於各縣。

機關名稱	所在地	主要人姓名
新蔡劉芬佛私塾	河南新蔡縣	劉芬佛劉積學

豫省各縣同盟會以新蔡縣爲最發達。其黨部即附設於劉芬佛所設私塾。主持者有劉芬佛劉積學閻鐵生諸人。

機關名稱	所在地	主要人姓名
法國輪船于愛	越南海防	黎量餘

同盟會員黎量餘任法國輪船于愛號買辦。此船專往來香港與越南海防間。馮自由專託其祕密輸運軍械至海防。交付海防分會長劉歧山供給欽廉各地革命軍之用。

法國輪船河內　越南海防　彭俊生

彭俊生亦同盟會員。任法國輪船河內號買辦。與海防同盟會長劉岐山友誼最篤。馮自由由香港密運軍械至海防。再轉運至欽州邊界。卽彭與黎量餘二人奔走之力。丁未七月王和順攻佔防城及戊申二月黃克強轉戰欽廉上思。黎彭與有力焉。

新加坡孫總理寓　英屬馬來亞　孫總理胡漢民

鎭南關一役旣敗。越南法總督徇淸政府請。諷令孫總理離越。總理遂於是春二月赴新加坡。設機關部於該埠東明律一一一號。往來各地重要黨員多下榻是間。同盟會南洋支部卽附設於此。

新加坡開明閱書報社　英屬馬來亞　何心田何德如胡兆鵬

同盟會員何心田何德如胡亭川胡兆鵬郭淵谷等開設一開明演說閱報社。專經售革命書報。及派員在街外宣講革命排命。另按期敦請民黨名流到社演講。收效甚宏。

欽廉上思革命軍　欽州東興　黃興黎仲實

戊申二月二十五日黃克強親率同志黎仲實僞岐山梁建葵梁瑞廷劉梅卿及越南華僑等二百

餘人。復赴南入欽州東興。二十七日至小峯。遇清兵楊部三營。一戰敗之。二十九日追至大橋。清軍復敗退。三月初二日革軍列陣於馬篤山。清軍督帶龍某率兵三營來攻。克強親發鎗擊之。龍管帶中鎗墮馬。清兵潰退。降者四十餘人。革軍得鎗四百餘桿。聲勢日盛。方擬取道那樓大彔等處向桂邊上思前進。時清將郭人漳王有宏等已率所部三千餘人分途尾追。取包圍式。於革軍形勢頗不利。克強乃募勇士黑夜至清軍所駐民房四擲炸彈。清軍大駭。不戰而逃。革軍乘勢追擊。擄獲無算。經此役後。革軍遂得縱橫出沒於欽廉屬隆雁陳塘那悞馬路墟柳綠鳳閣一帶。使清軍疲於奔命。惟革軍轉戰數十鄉鎮。費時四十餘日。而郭人漳前允供應之彈藥。竟未如約送至。克強以彈藥告竭。遂不得不下令解散。克強仲實岐山等分途遄返越南。餘衆多退入十萬大山。是爲革命軍最有名的欽廉上思之役。

老街革命軍機關

越南老街

黎仲實饒章甫高德亮

是春三月中旬革命軍經營滇省軍務事。先由河內機關部派黎仲實高德亮饒章甫麥香泉梁恩隙二華等八人。設機關於越南河口附近之越南老街。預備起義後辦理民政及因糧事宜。老街法國警吏疑爲盜竊。盡拘捕之於警署。後乃詢知爲革命黨。及河口革命軍起。始遣送黎等至香港。

河口革命軍　雲南河口　黃興黃明堂王和順

戊申三月孫總理派黃明堂經營滇省軍務。王和順關仁甫二人佐之。是月二十九日晚。明堂等率所部二百餘人在河口起事。初從越南邊界渡河。清軍防營一部先與聯絡。至是合併爲一。數約五百人。遂向城中進攻。是晚四時佔據河口城。城內警兵聞號相率反正。警察局長蔡某伏誅。河口向有清軍四營。一營守城內。一營守山上及礮臺。管帶黃元楨守山上。南營防務處督辦官王鎮邦自率兩營駐半山之礮臺。河口既破。管帶岑得貴及張印堂率敗軍逃入礮臺。與(鎮邦)合力死守。四月初一日兩軍繼續開戰。極形劇烈。黃元楨部下二哨先降。餘二哨隨黃駐山頂猶相攻擊。王督辦密遣使赴老街求救於法國防營統領。乞借兵兩哨平亂。法軍統領答以此次起事乃革命黨。並非盜賊。不能如命。時革命軍仍奮力攻山。王督辦親督隊力戰不卻。黃元楨以無援自率衆降。皆返戈助戰。至午後四時。王督辦亦使人約降。革命軍乃派老將黃華廷登山說降。既至。王督辦不應。黃起身告行。王督辦暗命親兵乘黃不備。猝然開鎗擊之。黃傷仆死。革命軍聞報大憤。遂下令進攻。清弁張印堂等陣亡。守備熊通先已通誠於革命軍。至是乃舉鎗擬王督辦。其所部俱反正。王督辦隨卽伏誅。岑德貴潛匿民舍。亦被擒。旋加恩放免。於是清軍盡降。河口四礮臺皆爲革命軍所有。計得十響毛瑟鎗千餘桿。彈二十萬發。王鎮邦首級則懸諸河口橋頭示衆。一面用南軍都督黄明堂名義佈告安民。並派兵保護領事稅關洋人。逕往老街。秋毫無犯。居民悅服。遠近歸附者。數日內增加至千餘人。聲勢大振。惟進取遲緩。實犯兵家大忌。和順於初五日始督兵沿鐵路進攻。先是黄元楨降後。卽致書勸鐵路上李蘭亭及黄茂蘭兩營反正。李蘭亭於初二晚已親率全營來降。繳鎗二百餘桿。子彈三萬發。穀一百擔。及和順督師上攻。有黄茂蘭所部二哨迎降於道。革命軍至南溪。駐其地之清將胡華甫王玉珠各率所部一哨降。遂佔領南溪。而設司令部於黄茂蘭住宅。初七日大軍進至鐵路七十八基羅。黄茂蘭之子率兵來戰。擊退之。時開廣鎮總兵白金柱奉滇督錫良命。帶兵四營到八寨。其地離開化城八十里。和順聞報。乃分兵襲取古林箐。以牽制白金柱之軍。白軍降者百餘人。另一路關仁甫於初三日引衆四百人左趨蠻耗。欲上個舊合臨安周文祥之兵。以攻蒙自。初四日與清軍管帶柯樹勛所部二百餘人相遇。柯登山自守。革軍攻之，時已入夜。清軍不戰而走。

清兵降者數十人。駐霸洒管帶李開美率衆來降。遂佔新街。是役革命軍以未得智勇雙全之主將調度一切。所預定進兵方略多未克實施。孫總理深以爲憂。適黃克強自欽州返越南。初四至先安。總理在新加坡得電大喜。即電委黃爲雲南國民軍總司令。節制各軍。克強初六晚入河內。初八早車上老街。赴前敵督師。既至河口。見軍事進行多疲玩不振。而屯兵不進。尤誤戎機。乃力催明堂趕速添兵。沿鐵路進攻昆明。明堂和順等均以糧缺爲慮。克強遂欲親率一軍襲取蒙自。而將士多不聽號令。乃知非本身有基本軍隊。不能指揮他軍。遂決計回河內。擬徵集前在欽州共事之同志一二百人。佐以盒子礮。組織基本隊。然後再赴前敵。詎入越境時。法國兵警疑爲日人。竟扣留之。後詢悉爲革命軍首領。乃照國際法例撥逐出境。因此革命軍失此主將。大受影響。時清廷已派劉春霖督辦雲南軍務。幷調桂軍龍濟光率所部七營及川軍二營黔軍二營赴援。四月下旬清軍各路援師大集。遂向王和順鐵路大營進攻。和順與清軍在泥巴黑沿線相持二十餘日。以彈藥漸缺。乃親至河口與明堂商議合兵趨襲普洱府進取思茅爲根據地之策。明堂猶豫不決。適越南同志僑商黃隆生甄吉廷等所解送米糧。忽被法官禁止通過。遂有絕糧之虞。明堂等因是決定移師一部取道鎮邊八角山等處以入桂邊。再作後圖，自率諸將士六百餘人退入越南。旋被法人遣送至新加坡。

香港皇后大道招待所　　香港　　高德亮麥香泉關人甫

河口革命軍敗後。敗將先後逃香港者有高德亮麥香泉饒章甫陳二華陳發初關人甫諸人。馮自由特租皇后大道馬伯良藥店四樓爲招待所。同盟會常在此開會。

新加坡振南街招待所　　英屬馬來亞　　孫總理陳楚楠

河口之役旣敗。越南法政府乃將敗軍將士關人甫軍六百餘人遣送至新加坡。孫總理及僑商陳楚楠張永福等設招待所多處於該埠鎮南各街以收容之。另在附近各埠創辦礦山工廠農場以安置各人。

蔡厝中興石山　　南洋蔡厝港　　孫總理林義順周華

此石山設於南洋英屬馬來亞蔡厝港。係孫總理命林義順林受之等特意開闢。以收容河口敗兵。使各安生業。

武昌羣治學社　武昌小東門外　任重遠李長齡黃申薌

是夏六月二十八日日知社員任重遠李長齡李亞東（尚在獄）等邀約同志黃申薌郭撫宸覃炳堃鍾畤秦炳鈞王守愚蔡大輔等四百餘人開湖北軍隊同盟會成立大會於武昌洪山羅公祠。自日知會被解散後。革命聲勢爲之一振。至十一月二十日復改組爲羣治學社。開成立大會於武昌小東門外三里許之金臺茶館。軍士入社者極形踴躍。庚戌（民國二年）三月黃申薌杜邦俊李六如謀乘湘亂起事。事洩。黃申薌奔滬。餘主事人多逃。

武昌白話報　武昌　李亞東陳少武

此報爲通俗白話報。乃羣治學社之宣傳品。撰述人爲李亞東陳少武等。文字多由亞東在漢陽獄中寫作。傳遞於軍學兩界。收效甚宏。旋爲漢陽清吏所疑。禁止亞東一切行動。遂無形停刊。

墨爾砵警東新報　澳洲墨爾砵　不詳

澳洲全境自辛丑（民國十一年）梁啓超來遊後。均爲保皇黨勢力範圍。是年有墨爾砵埠僑商爲革命思潮感化。自動發刊日報曰警東新報。專鼓吹革命。與香港中國日報互通聲氣。社址設在該埠羅密爾街一百八十九號。

東京雲南獨立會　日本東京　楊振鴻趙伸呂志伊

是歲春夏間滇省河口革命軍起。留東雲南學生楊振鴻呂志伊趙伸李根源等乃號召同志數千人開雲南獨立會以應之。衆舉振鴻及黄毓英王九齡杜鍾琦何偉伯何漢李光鼎段寬等爲歸滇代表。振鴻中道聞敗。轉道入緬甸。

廣州國民日報　廣州西關　鄧悲觀黄軒胄馮百礪

粤省志士發刊日報以抨擊時政提倡國民精神者。以國民日報爲最早。是報總編輯爲鄧悲觀。撰述員有黄軒胄李孟哲馮百礪諸人。至辛亥三月以後。言論尤爲激烈。與香港中國日報世界公益報等同聲呼應。社址在西關第九甫。

廣州南越報　廣州西關　盧博郎蘇稜諷

此報設於廣州市下九甫。乃前香港日新報記者盧博郎蘇稜諷等所創辦。以排擊官僚譏評清政爲宗旨。常與香港中國日報互通聲氣。博郎於是冬入同盟會。

泗水同盟會	荷屬爪哇	劉岜泗賴文齋
吧城同盟會	荷屬爪哇	梁翼庵李天鄰
甲太同盟會	荷屬吧城甲太	許金璋
濱港同盟會	荷屬文島	溫慶武李柱中曾連慶
雙溪烈同盟會	荷屬文島	黃慶元李柱中
勿里洋同盟會	荷屬勿里洋	伍連忠
嗎吃同盟會	荷屬勿里洞	歐陽福成
武陵同盟會	荷屬武陵	徐雲興
流石同盟會	荷屬流石	藍瑞元
棉蘭同盟會	日裏棉蘭	梁瑞祥歐水應李增爐
坤甸同盟會	荷屬坤甸	沈復權
三寶壟同盟會	荷屬三寶壟	李載霖

以上所述荷屬各埠同盟會。亦由新加坡同盟會或東京本部派員前往開設。內有因會員不衆暫稱通信處者。亦有在丁未秋冬間已成立者。

文島光復會　荷屬文島　陶成章許雪秋李柱中

陶成章於丁未年冬由日赴南洋。欲籌款在浙江發難。同盟會幹部以時方經營粵桂滇三省軍務。無法應其需求。成章不慊。乃在荷屬各島倡議恢復舊光復會。遙戴章炳麟爲首領。並發售江浙閩皖贛五省革命債劵向各埠推銷。潮州黃崗敗將許雪秋陳芸生等亦以向幹部索款不得。相率和之。更得文島教員湘人李柱中及舊光復會員王文慶沈鈞業之助。頗爲得勢。是年四月汪兆銘鄧子瑜等同遊文島籌餉接濟雲南河口革命軍。被光復會員強烈反對。無功而囘。及庚戌（民國二年）冬黃克強趙聲等親赴南洋。爲辛亥三月廿九一役籌餉。並解除一切誤會。荷屬同盟會勢力始漸囘復。

泗水光復會　荷屬泗水　陶成章王文慶蔣報和

陶成章是年遊爪哇泗水吧城諸島。得舊光復會員浙人王文慶之助。成立光復會於泗水。該埠富商閩人蔣報和報禮昆仲皆入其會。

廣州守眞書閣　廣州市河南　高劍父徐宗漢潘達微

是歲秋冬間。香港同盟會派員到廣州河南鰲州設立分機關。以擴張黨務。榜其名曰守眞書閣。表面以裱裝書畫爲營業。主其事者有潘達微高劍父徐宗漢梁煥眞何輯民朱述唐胡少翰諸人。

香港振天聲劇團　香港　陳鐵君黃軒胄黃詠台

優天影劇團解散後。陳鐵君黃軒胄黃詠台陳鐵五衞滄海何侶俠諸志士復組織振天聲劇團。分赴粵港澳各地排演。所編劇本多宣揚民族主義。較以前志士班尤爲激烈。有「張良擊秦」「熊飛起義」及有「剃頭痛」等等。尤招清吏之忌。是年藉賑濟粵災爲名赴南洋各埠募款。過新加坡時。向孫總理請益。總理大爲嘉獎。並由林航葦介紹未加入同盟會者一律入會。南洋保皇黨機關咸指該劇團運動革命以此。

紐絲侖同盟會　澳洲紐絲侖　呂傑黃國民黃樹

澳洲紐絲侖島華僑向不屬任何黨派。是年該島都城威靈頓埠僑商呂傑以香港中國日報閱報人之關係。向中國日報請求加入革命黨。馮自由特許其通信加盟。並使組織該埠分會。呂傑後介紹黃樹黃國民等數人。成立同盟會通信處。地在該埠陀利街一六四號。

東京勤學社　　東京小石川　　黃興林時塽何天炯

河口革命軍敗後。是歲秋冬間黃克強自南洋赴日整理黨務。僦屋於東京小石川區小日向水道端町五十二番地。榜其名曰勤學社。宋教仁林時塽何天炯等曾與同居。熊成基自安慶失敗逃日。亦寄寓於此。

緬甸同盟會　　緬甸仰光　　莊銀安徐贊周陳仲赫

是年三月孫總理派王羣至仰光開設同盟會。加盟者有莊銀安徐贊周陳仲赫陳守禮張源陳國章沈繼昌林金源等三十餘人。會址初附設於益商學校。衆舉莊銀安任會長。旋開第一次大會於大賀肯園。集股創設光華報以廣宣傳。自是會務日漸發達。

仰光光華日報　　緬甸仰光　　楊振鴻居正呂志伊

是秋八月旅緬同盟會機關光華日報出版。主筆政者先後有楊振鴻居正呂志伊等。均同盟會本部介紹。助理編輯有黃大袞何榮祿蘇鐵石諸人。社址在該埠河濱街與百尺路轉角之舊門牌六十二號三樓。出版後入會者日衆。

仰光覺民書報社　緬甸仰光　莊銀安盧喜福陳栽春

是社爲同盟會幹事部所設。初名演說社。後改稱覺民書報社。莊銀安盧喜福陳栽春沈繼昌陳振川林鐵漢等分任各部幹事。

新加坡振武善社　英屬馬來亞　孫壽屏田桐鄧子瑜

振武善社爲勸導戒煙之團體。會員不分黨派。一慈善性質之公共機關也。戊申夏五月保皇會員徐勤伍憲子等假座該社開設星洲政聞分社成立會。革命黨員知之。遂有孫眉田桐鄧子瑜等數十人先到會場。謀破壞其事。開會時。徐勤首先報告清廷預備立憲。及該社設立理由。發言未畢。孫田鄧等即大聲喝打。一擁而登講壇。向徐勤亂毆。徐略受傷。狼狽逃下。會場遂一洶而散。經此役後。保皇會遂不敢再有公然開會情事。

新加坡南洋支部　英屬馬來亞　孫總理胡漢民

河口革命軍敗後。胡漢民亦由越南河內移居新加坡。是秋孫總理爲擴張英荷兩屬黨務。特設南洋支部以管理之。另訂分會總章十六條及通信辦法三條。派胡漢民爲支部長。越年己酉（民前三年）春總理赴歐洲。漢民亦歸香港。支部乃移於檳榔嶼。

香港民生書報社　香港德輔道　馮自由陳少白

香港同盟會向附設於中國日報社長室。自戊申河口革命軍敗後。西南各省軍務完全停頓。遂主張開放門戶以擴張黨務。另設收攬會員機關於上環德輔道先施公司對門三樓。榜其名曰民生書報社。是冬安慶熊成基舉兵反正。其部將洪承點亡命香港。卽在此下榻。

東京尙志學社　日本東京　黎仲實胡靈媛陳璧君

黎仲實自河口革命軍敗後。仍至東京。與胡靈媛僦屋於淀橋柏木四三三番地。榜其名曰尙志學社。是冬陳璧君汪兆銘先後抵東。亦居社中。越年己酉（民前三年）春偕黃復生方君瑛喻雲紀等同組織北上暗殺團。卽以學社爲機關。夏秋間移於香港。

青島振旦公學　山東青島　陳幹商震劉冠三

此校爲魯省同盟會員陳幹商震劉冠三等創辦。並邀景定成陳家鼎等至青島協助。擬聯絡青島船廠工人發起同盟罷工。抵抗強權。事爲德人偵知。遂下逐客令。陳商劉等逃豫省免禍。

檀香山自由新報　夏威夷島　盧信曾長福孫科

民生日報主筆盧信因言論不自由辭職。同志曾長福黃堃等另集資開設自由新報。於是秋八月出版。先後執筆人有盧信孫科溫雄飛謝英伯吳榮新諸人。是爲隔日報式。仍抨擊保皇邪說不遺餘力。其通信郵箱爲一千〇二十號。

檀香山大聲報　夏威夷島　盧信孫科許棠

此報爲盧信等輔導自由新報而設。刊行時期極短。

貴陽黔報　貴州貴陽　周培藝

此報爲黔省志士周培藝向戚友集資創辦。爲貴州新派報紙之先河。因抨擊時政爲守舊派股東所反對。以致停刊。翌年自治學社成立。培藝乃與張百麟等另創西南日報。

日裏蘇門答臘報　荷屬日里　不詳

此報係旅荷屬日里棉蘭埠我國志士所創。姓名不詳。

泗水民鐸報　荷屬泗水　不詳

泗水泗濱日報　荷屬泗水　田桐

以上兩報均爲荷屬爪哇泗水我國熱心僑商創辦。泗濱日報設於泗水望加蘭街八號。田桐任該報編輯。因著「南國篇」。揭露荷人虐待華僑歷史。被逐出境。

東京日華新報　東京京橋區　夏重民

此報爲日本同志資本。延夏重民爲主筆。提倡三民主義甚力。對於同盟會員投降淸吏端方之劉光漢何殷振汪公權等。尤痛加抨擊。無微不至。編輯所附設東京京橋區明石町五十四番志成學校。

廣州梁煥眞醫院　廣州河南　梁煥眞黎德榮

女黨員梁煥眞醫生向在廣州河南開設醫院。是歲秋間香港黨部派徐宗漢李自平陳淑子諸女士常祕密輸運炸藥鎗彈至廣州。梁煥眞醫院亦爲貯藏庫之一。庚戌夏梁之學生黎德榮曾加入黎仲實汪兆銘所組織之暗殺團。故該團所製炸彈亦有貯藏該醫院者。

柳州蓮花橋機關　廣西柳州　柯漢資梁雲甫許仲山

桂人柯漢資奉香港同盟會命。返柳州聯絡四十八篳會黨起義。是冬在柳州城內蓮花橋設立機關。有同志梁雲甫許仲山陳曉峯王幹庭劉福卿邱光庭鄭雲龍梁雲甫等相助。預定於明年己酉年元旦日起事。是冬十二月中旬事洩。衆紛逃鄉間。獨梁雲甫一人遇害。

仰光第二光華報　緬甸仰光　居正呂志伊陳仲赫

仰光光華報既出版。因攻擊清領事蕭永熙藉爲喪家點主事向僑商敲詐。多數股東被蕭威嚇。退股停辦。同盟會乃另集資再創第二之光華報。於是冬十一月初一日出版。主持者仍爲陳仲赫居正呂志伊黃永田陳漢平諸人。館址移五十尺地二號。

汕頭長春堂　廣東汕頭　謝明星吳金彪

丁未許雪秋失敗後。其部將謝明星吳金彪於是年秋謀在潮州汕頭兩地發難。設機關於謝明星所設藥店長春堂。密向香港購運鎗械。以事洩被逮。明星殉義。

永安革命軍　雲南永安　楊振鴻何偉伯楊毓鉄

是冬清帝后暴亡。楊振鴻偕何偉伯楊毓鉄自緬甸入滇邊。號召騰越千崖各土司起事。設大營於永昌馬嶺寨。期於十二月九日夜率衆襲取騰越城。以守吏戒備嚴密。復返馬嶺寨圖再舉。振鴻途中積勞得病。死於蒲縹。

香港現身說法社　香港　陳俊朋謝沃波黃子覺

是爲維新劇團之一。社址設於香港。發起人有陳俊朋黃子覺黃子蘊黃自立謝沃波駱鐵蒼蔡忠信諸志士。成立未久卽與振南天合併。

香港振南天劇團　香港　陳鐵君黃詠台陳鐵五

振天聲劇團自南洋返粵。以保皇黨迭向清吏告密。謂該團蓄意運動革命。故行動均受清吏監視。不得已宣布解散。一部團員陳鐵君黃詠台陳鐵五衞滄海等乃與現身說法社合併。改名振南天劇團宗旨如前不變。數月後以財力不支。亦解散。

貴陽貧民工廠　貴州貴陽　鍾昌祚

是廠爲黔省自治學社首領鍾昌祚所創辦。以收集流民訓練以國家種族思想。備起義時應用爲宗旨。內設苦工隊。每日輪集一小時。辛亥九月貴陽光復時昌祚雖不在黔。周培藝陳文錫卽以昌祚名義使苦工隊加入義軍。苦工隊咸受部勒。卽昌祚早年訓練之力。

西安健本學堂　陝西西安　鄒子良井勿幕焦子靜

是歲春同盟會本部派鄒子良回陝擴張黨務。時井勿幕亦偕景定成自晉歸。卽介紹定成爲西安高等學堂教習。以聯絡軍政士紳各界。復與師子敬焦子靜曹寅侯等創辦健本學堂於富平會館爲黨務機關。自是黨勢逐漸發達。分會遍設各縣。

西安馬安臣學塾　陝西西安　井勿幕李仲特馬開臣

陝西同盟會員於是冬常假開元寺內同志馬開臣學塾開祕密會議。羣推李仲特爲陝省分會長。并推定各會員分擔各項任務。井勿幕張奎光鄒子良曹寅侯王曙山等任軍事方面。陳慧亭常銘卿茹卓亭郭希仁劉允臣李元鼎等任文字宣傳及教育事業。寇遐李仲山等任運動綠林會黨。景定成杜義焦子靜師子敬張翊初等任聯絡其他各部分。有時亦在雁塔上開會。計劃秦晉合同大舉方略。

廣州保亞票會　廣州桂香街　葛謙譚馥曾傳範

是冬湘鄂籍在粵同盟會員葛謙譚馥曾傳範等聯絡同志軍人嚴國豐羅樹滄錢占榮黎蕚諸人。運動駐粵水師提督親軍營及附城各防營反正。設總機關於廣州城內桂香街師古巷大同旅館。其方法係倣庚子唐才常富有票方法。散放一種票布名保亞票。以聯絡軍隊中哥老會員。勢漸得手。適逢十月清帝后逝世。葛謙認爲機不可失。遂赴香港託分會長馮自由函電孫總理請求接濟。正進行間。至十一月十四日以散票不愼事洩。葛謙嚴國豐譚馥三人先後被逮死之。曾傳範羅樹滄錢占榮黎蕚等被判監禁。或遣回原籍。是役葛謙等曾設置分機關於馬鞍街惠愛七約觀音山姚家祠古家祠雙門底太平沙等多處。事敗後各營兵士牽涉被捕者二三百人。因株連太衆。概從寬免究。事後香港同盟會特開會追悼。并醵款恤助葛等遺族。

騰越自治同志會　雲南騰越　張文光張鑑安李治

騰越人張文光向經商緬甸。由楊振鴻黃毓英介紹。加入同盟會。張在滇西各屬會黨及土司間密有潛勢力。是歲夏秋間藉保護國權名目。發起騰越自治同志會陰謀革命。騰越永昌等處人士入會者極衆。辛亥廣州三月廿九之役以前預得黃克強約令屆時響應。遂與同志張鑑安李治等準備在騰越同時發難。事洩爲清吏通緝。文光聞警跳城。得免於難。

安慶革命軍

安徽安慶　熊成基范傳甲程芝萱

是年秋清廷令南洋各鎮新軍舉行秋操。蘇皖兩省革命黨員熊成基范傳甲薛子祥張勁夫等擬於會操動員後。同時在操場發難。幷欲於蘇督端方抵皖時狙擊之於省垣。及期端方不來。事遂不成。適滿清帝后同時殂殞。成基時任礮營隊官。遂約各營同志傳甲子祥勁夫廖磐貞程芝萱田激揚李朝棟等多人。於十月二十六日下午聚會於十祖寺後鄰楊氏試館。決定卽晚九時率馬礮各營起義。幷約隊官薛哲開城接應。屆時成基首在礮營發令反正。各士兵欣然從之。管帶陳鏞昌反對。爲兵弁張鴻堯黃節等擊斃。遂焚礮營營盤隊而出。至步標。標統蔣與權跪接於道上。步兵多平時贊成者。馬營早有聯絡。其排長田激昂周正鋒張烈等圍攻管帶李玉春於樓上。李負傷逃去。至是亦焚兵房。出與他營聯合。各營得千餘人。聲勢大振。隨往攻北城菱湖嘴子彈庫。守庫正目爲范傳甲之胞弟。迎而納之。得彈後還攻北門。幷焚北門外測繪學堂之步兵營。於是合各路併力攻安慶城。成基初不欲傷害城中居民。故先遣多人入城內應。且以隊官薛哲預謀其事。滿擬薛必開城接應。詎當義師攻城時。薛哲初率百餘人向北門衝突。本欲開城相迎。及見城上有少數巡防營守衛。不敢發動。適是時皖撫朱家寶赴秋操地。接清帝后凶耗。江督端方促之遄返省垣爲備。朱歸。即於此時以重利誘城內將士。勿爲義師所動。對於薛哲尤爲籠絡。薛爲所脅。竟不能爲成基之助。范傳甲在輜重隊。張勁夫在講武堂。均因官長監視綦嚴。不克發動。因是反正軍於倉猝中不能入城。而彈藥存貯城內。義師槍彈無多。礮彈又無彈火引頭。致無戰鬬力。圍攻一日夜。迄未得手。皖城瀕江。江面原駐兵艦數艘。初已表示降順。至是受朱家寶命由江中發礮擊義師。毀營壘。反正軍漸不能支。相持至二十七日下午十時。兵卒稍稍散去。成基乃率衆向集賢關退却。改變戰略。欲取廬州爲根據地。然後號召鳳陽潁州等處會黨。進而馳騁中原。於是取道桐城。直趨合淝。所經過地。秋毫無犯。淸提督姜桂題時在河南一帶。聞訊。乃率所部窮追。成基力戰敗之。然抵廬州時。所餘止有八九十人。乃脫身避匿同志常恒芳家者數十日。後亡走日本。成基去後。程芝萱尚率其殘部。沿途與姜部之江防營混戰。至合淝東鄉時。僅剩三四十人。始宣告解散。范傳甲失敗後尚在城內。因謀刺清協統余大鴻被獲。田激揚李朝棟張勁夫鄭養源周正鋒張志功張星五胡文斌薛哲等先後被逮。均殉義。

新加坡同文書報社　英屬馬來亞　黃義華

庇能益智書報社　同上　李漢生

吡叻蒲盧江秀覺民書報社　同上　李竹溪

吡叻安順培智書報社　同上　黃少行

吡叻端洛中興書報社　同上　陳炳初

吡叻布先益智書報社　同上　呂順安張錫銘

吡叻美羅萃羣書報社　同上　黃星如

六條石埠書報社　同上　朱赤霓

柔佛公民書報社　同上　郭新

雪蘭峨士我月埠書報社	英屬馬來亞	李漢衡
巴東色海東華書報社	同上	黎樂文
檳榔嶼大山脚華僑書報社	同上	林世安
蔴楮巴轄益羣書報社	同上	王及時
新加坡公益書報社	同上	胡伯驤何德如
新加坡同德書報社	同上	張永福
吡叻華僑書報社	同上	李孝章
吡叻沙叻培文書報會	同上	陳遠繩
吡叻拿吃興華書報社	同上	梁棟英曾國樑
吡叻萬里望民興書報社	同上	楊雲生葉飛龍
吡叻金寶開智書報社	同上	李田秀楊朝棟
宋溪詩佛文罌書報社	同上	簡世彬

芙蓉書報社	英屬馬來亞	陳耀三黃心持
麻六甲中華書報社	同上	鄧澤如李月池
實兆遠益智書報社	同上	陳克朗
魯乃坡益民書報社	同上	不詳
布知埠益智書報社	同上	不詳
甲板埠同德書報社	同上	謝八堯
吉礁雙溪丹年新漢書報社	同上	宋伯聯
文丁埠華商書報社	同上	柯武炎
古毛埠競明書報社	同上	吳鼎渠
北般烏山打根中華書報社	同上	李錫齡
新馬璶新華書報社	同上	黃在田
喃巴哇覺羣書報社	同上	不詳

巴生港中國青年益賽會	英屬馬來亞	林梅端
巴楮巴哈益羣書報社	同上	不詳
雪蘭峨巴雙中華書報社	同上	譚長進
巴雙埠華商公所	同上	李金泉
萬撓籲智書報社	同上	不詳
隆邦書報社	同上	張碧天
知知埠華商書報社	同上	李漢生
高淵埠書報社	同上	不詳
紅毛丹達材書報社	同上	利雁秋
嘭哼文東書報社	同上	鄧少民
萬撓育智書報社	同上	不詳
雪蘭峨介文書報社	同上	陳古梅沅德三

嘭哼北千光漢書報社	英屬馬來亞	方少峯
甲洞開明書報社	同上	不詳
安邦埠書報社	同上	李耀南葉競爭
加蕉埠啓明書報社	同上	戴水
加影文華書報社	同上	古仲熙
納閩坡啓文書報社	同上	不詳
巴里文礁新華書報社	同上	張升
砂勝越啓明書報社	同上	楊朗初
朱毛埠啓智書報社	同上	陳克薩
打吧埠益羣書報社	同上	林金福
吡叻古樓南華書報社	同上	夏柳如
巴生羣智書報社	同上	陳堯階

金寶中國青年益賽會	英屬馬來亞	張志昇楊朝棟
吉隆坡中國青年益賽會	同上	彭澤民
蔴坡啓智書報社	同上	林弼英劉靜山
素哩哩開智書報社	同上	彭瑞麟
叨思埠公益書報社	同上	不詳
雙文丹埠斯文書報社	同上	不詳
都獹啓蒙書報社	同上	陳旭初
關丹中華書報社	同上	不詳
武來岸策羣書報社	同上	不詳
雪蘭峨新街場埠光漢書報社	同上	孫林
太平書報社	同上	陸文輝陳志安
波糈進步書報社	同上	王月洲曾榮祥

以上所列南洋英屬各埠書報社。均屬當地愛國華僑所設立。多附設於華僑學校之內。因避免地方當局干涉其言論自由。故以書報社名之。各社大都成立於戊申己酉（民國前三四年）之間。革命黨人每次在南洋募餉。各埠僑胞多踴躍捐助。書報社提倡之力也。

巴達維亞華僑書報社	荷屬爪哇羣島	溫文鍾幼珊
三寶壟樂羣書報社	同上	李載霖
巨港中華書報社	同上	古質山
井帝汶同文書報社	同上	李璧珊
西都文羅書報社	同上	不詳
文島雙溝烈中華書報社	同上	陳方度溫啓順
巴眼亞比亞民德書報社	同上	宋萃仁
毛燕埠日新書報社	同上	不詳
美崙埠公益書報社	同上	謝碧田

東婆羅洲古達馬路中華書報社　荷屬爪哇羣島　黃成其

亞齊瓜勝新邦啓文書報社　同上　不詳

泗水明新書報社　同上　賴文齋劉泗

大亞齊書報社　同上　陳玉如

巴城老巴塞書報社　同上　陳柏鵬

南榜書報社　同上　陳玉如

文島檳港中華書報社　同上　李天鄰曾連慶

萬隆埠民儀書報社　同上　劉德初

其沙蘭中華書報社　同上　李順階

龍目安班瀾漢光書報社　同上　不詳

浮盧甘龍中華書報社　同上　陳覺民

山口洋民生書報社　同上　鄧克辛

坤甸圖存書報社　荷屬爪哇羣島　鄧宛熙

松柏港民羣書報社　同上　謝樹勛

坤甸白樹脚羣生書報社　同上　不詳

文島如勿士中華書報社　同上　不詳

蘇門答臘巴東書報社　同上　古亮初

文島雙溝烈明德書報社　同上　李柱中温啓順

浠汶叨利覺羣書報社　同上　不詳

日里民禮書報社　同上　不詳

日里直名丁宜開智書報社　同上　古漢光

日里巴株巴勞中華書報社　同上　蘇英會

日里武麗安中華書報社　同上　馮少強

日里火水山中華書報社　同上　盧培漢

日里籠葛中華書報社	荷屬爪哇羣島	孫文韶
日里棉蘭華崇書報社	同上	李增輝歐水應
日里瓜勝中華書報社	同上	楊琴生
萬里望智羣書報社	同上	不詳
勿里洞華僑書報社	同上	不詳
監光登宜開智書報社	同上	不詳
哥踏丁疑覺羣書報社	同上	不詳
覺厘洞岸黨書報社	同上	吳冠夫
日里瓜勝新邦中華書報社	同上	不詳
日里頓挽中華書報社	同上	不詳
日里大棉中華書報社	同上	黃丕安
日里勿叻灣中華書報社	同上	趙玉珊

日里瓦冷中華書報社	荷屬爪哇羣島	梁如九
日里新邦知甲中華書報社	同上	不詳
日里頌牙埠華僑書報社	同上	李益明
日里仙遠中華書報社	同上	李元亮

上列荷屬爪哇羣島書報社五十餘埠。實數尚不止此。亦多附設於各埠華僑學校之內。荷屬自辛丑壬寅間（民前十一二年）已由日本延聘留學生前往辦學。先後應聘者有董鴻禕王文慶易本義王嘉榘張繼田桐李柱中陳方度時功璧沈鈞業胡國樑柳聘儂等百數十人。故各埠僑胞之革命空氣頗爲濃厚。辛亥三月廿九廣州之役。荷屬同志助餉之功。殊不可沒。

惹申亞沙漢維華書報社	緬甸	陳紹平
丹老埠新民書報社	同上	李德成
摩洛棉漢聲書報社	同上	黃子端丘伯鏞
瓦城振漢書報社	同上	陳太高楊名

勃生埠漢興書報社	緬甸	陳子卿李慶標
勃臥埠培民書報社	同上	李宣琳周希堯
洞遇益華書報社	同上	陳國珍杜子乾
木各具愛羣書報社	同上	陳虞卿鄭耀蒸
密沙興漢書報社	同上	陳鍾靈
杰柳巾演進書報社	同上	林金源
望瀨啓智書報社	同上	楊秋毫
仁蘭姜協漢書報社	同上	鄭庇
繞彬九振華書報社	同上	陳振玉
知模漢羣書報社	同上	盧省三
秉禮光智民書報社	同上	黃秀
土瓦務民書報社	同上	曹煥翔林一葉

吉桃義民書報社　緬甸　陳文造

貓宇振民書報社　同上　蔡壽民李景興

是年緬甸同盟會成立後。特派居正陳仲赫等赴各地組織分會。因避英官干涉及清探偵查之故。統稱書報社以利黨務進行。除上述二十書報社外。黨員不多者暫稱通信處。

革命運動第二十四年己酉

民國紀元前三年
清宣統元年
陽曆一九〇九年

機關名稱	所在地	主要人姓名
上海民呼日報	上海山東路	于右任范光啓王无生

于右任自退出神州日報。乃另集資發刊民呼日報。館址設在山東路一百五十六號。於是年三月二十六日出版。出資人有龐青城柏小魚張人傑等。撰述人除右任自任社長外。尙有范光啓王无生吳宗慈戴天仇等。出版甫四月。因抨擊時政。爲陝甘二省當局控告。卒被滬租界當局封閉停業。

機關名稱	所在地	主要人姓名
上海民吁日報	上海山東路	于右任朱少屏范光啓

民呼報被封後。于右任復於同年八月中旬在同一館址另發刊民吁日報。宣言以提倡國民精神痛陳民生利病爲宗旨。名義上以朱少屏爲發行人。范光啓爲社長。撰述人有景耀月王无生周錫三等。出版不過四十餘日。因攻擊日本侵掠政策。爲駐滬日領事所控。是歲十月初七日上海蔡道徇日領要求下令封禁。

上海中國公報　上海　陳其美陳去病陳毓川

浙江同盟會員陳其美自日本歸滬。即與同志陳去病陳毓川等創辦是報爲宣傳革命機關。以目的在聯絡祕密會黨。不暇兼顧。故出版未久即停刊。

貴陽西南日報　貴州貴陽　張百麟鍾昌祚黃澤霖

是爲黔省自治學社之惟一機關報。創辦人爲張百麟黃澤霖鍾昌祚張澤鈞周培藝陳永錫等。自治學社即貴州同盟分會之別稱。黔省各縣自治分社林立。辛亥革命響應鄂軍至速。此報與有力焉。

南寧恆益水客店　廣西南寧　施正甫雷在漢杜右臣

香港同盟會是年派施正甫回桂擴張黨務。施至南寧。與同志雷在漢杜右臣梁植堂開設恆益號水客店於倉西門碼頭。以雷在漢主其事。表面以招待水客往來爲營業。實則以聯絡軍隊及會黨爲目的。梁植堂爲桂省著名三合會首領。各地祕密會黨與同盟會發生關係。多由其介紹。

上海德福里機關　上海馬霍路　陳其美周淡游

陳其美由日返滬。是年在上海馬霍路德福里設立機關。經營江浙兩省軍務。江浙兩省同志常在此秘密開會。時同志劉光漢汪公權已投降端方。密充間諜。清吏遂得按址查封德福里黨人機關在寓者有張恭周淡游褚輔成三人。張被捕。周褚喬裝工人走脫。其美所謀江浙大舉計畫以是擱淺。

檳榔嶼南洋支部　英屬馬來亞　孫總理鄧澤如吳世榮

是年三四月間。孫總理以事赴歐洲。胡漢民亦歸香港。遂將南洋支部由新加坡移至檳榔嶼。黨務交鄧澤如吳世榮主持之。然自總理離後。南洋黨務等於停頓。至翌年秋。總理由歐美再至南洋籌措廣州起義軍餉。始復舊觀。

九龍城孫壽屏宅　香港九龍城　孫壽屏楊德初

孫壽屏即總理長兄。自丁未年由檀香山返香港。即奉母與同志楊德初卜居於九龍城牛池灣。經營農業。是歲冬南方支部策動廣州新軍反正。壽屏擔任縫製革命軍旗。庚戌（民前二年）秋以運動勞工入黨事。被港政府驅逐出境。壽屏遂赴南洋。旋轉赴廣州灣。

新加坡星洲晨報　英屬馬來亞　謝心準周之貞

香港中國報記者謝心準是歲赴新加坡。旋與同志周之貞發刊此報。與中興日報相呼應。以資本不足。於次年庚戌秋冬間停刊。辛亥三月二十九廣州一役殉義者七十餘人中。有名勞培及周華二人。卽此報辦事員也。

檳角華益學堂　暹羅檳角　蕭佛成胡毅生盧仲琳

是歲華暹日報主人蕭佛成聯絡同志僑商沈荇思王杏洲朱廣利等創辦中華會所於檳角京城。幷附設華益學堂。以教授華僑子弟。延華暹日報記者胡毅生盧仲琳兼任教員。

汕頭中華新報　廣東汕頭　謝逸橋林百舉陳去病

此報由謝逸橋向南洋華僑邱燮亭梁映堂廖煜堂等措資創辦。延梁千仞林百舉陳去病陳迪予葉楚傖諸人分任經理主筆等職。隱爲嶺南同盟會之喉舌。邱逢甲所著詩文。時寄此報登載。

長春長春日報　吉林長春　蔣大同徐竹平徐于

河北人蔣大同於是年與熊成基（易名張建勳）商震徐于徐竹平諸志士密會於吉林長春。商定革命進行方略。旋在長春與徐竹平創辦長春日報。極力主張保持國權及排斥虛僞君憲。東北人心多爲喚醒。未幾熊成基被逮殉義。徐竹平亦就逮。此報因之停刊。

香港少年書報社　香港德輔道　馮自由謝英伯陳少白

香港同盟會附設之民生書報社是年夏擴大黨務。更將會所移至德輔道中環街市對門之捷發號四樓。易名少年書報社。常駐會所者有馮自由陳少白李紀堂謝英伯陳景華劉思復洪承點陳自覺諸人。會務日形發達。

維多利擊楫學社　加拿大諸省　黃希純吳子垣吳俠一

加拿大全境向無革命團機之組織。是年始有我國學生教員數人黃希純吳子垣吳俠一黃蔚生李翰屏司徒旄等組織一文化團體。號曰擊楫學社。專以推銷革命書報爲宗旨。未及一年而解散。

金門少年學社　美國舊金山　李是男黃芸蘇黃伯耀

香港同盟會員李是男奉命赴美國擴張黨務。是歲集合同志黃芸蘇黃伯耀温雄飛許炯藜黃傑庭等。組織「少年學社」爲初步機關。社址在舊金山堅利街六二九號。幷用油印發刊一種刊物。

名曰「少年」頗多宣傳革命文字。是爲翌年冬出版的「少年中國晨報」之前奏。庚戌十月有華僑鄺林謀刺清海軍大臣載洵貝勒於屋侖埠鐵路車站。被判監禁十四年。鄺卽少年學社社員之一。

香港時事畫報復刊　　香港　　謝英伯林直勉潘達微

是報原於乙巳年在廣州出版。停刊已三載。是歲由林直勉斥資恢復。設於香港威靈頓街。仍用石版印刷。圖畫及文字均屬抨擊清政之作。刊至十餘期而止。

北京帝國日報　　北京　　白逾桓程家檉景定成

鄂籍同盟會員白逾桓由日赴北京。得皖同志程家檉之助。發刊帝國日報。專排斥僞立憲及主張中央革命。是年景定成杜義以事北上。亦預其事。

香港黃泥涌黎宅　　香港鵝頸橋　　黎仲實汪兆銘黃復生

黎仲實汪兆銘黃復生喻培倫陳璧君方君瑛等在東京組織之暗殺團。於是秋移至香港黃泥涌道。榜其名曰黎寓。黎等時往青山屯門等處祕密試驗爆炸品。以備實行之用。

香港同盟會南方支部　香港鵝頸橋　胡漢民汪兆銘林直勉

己酉以前同盟會西南各省黨務軍務。概由香港分會經理。是年夏秋間胡漢民自南洋回港。遂於是冬組織南方支部。與香港分會劃分權限。西南各省黨務軍務改由支部管轄。衆推胡漢民爲支部長。汪兆銘書記。林直勉會計。會所設於灣仔鵝頸橋。黃克強趙聲譚人鳳倪映典等到港。均在此下榻。

香港東海旁馮宅　香港灣仔　馮自由胡漢民

己酉年秋以前。馮自由胡漢民二人眷屬向寓中國日報四樓。是年秋因中國報時有清探窺伺。乃遷寓灣仔東海旁七十六號三樓。豫人程克浙人王金發等避難至港。均在此下榻。是歲十二月南方支部決定使廣州新軍同志剋期反正。所備用之青天白日滿地紅旗百餘面。卽由孫壽屏(總理之兄)楊德初及李自平陳淑子盧桂屏三女士在此縫製。

香港中國日報第十一年　香港荷理活道　馮自由盧信

是冬中國日報因減縮財政起見。由德輔道三百〇一號遷至荷理活道二百卅一號。明春庚戌馮自由因改就加拿大大漢日報之聘。辭退社長一職。南方支部乃派李以衡張西林謝英伯盧信李萁等先後充任經理編輯各職。至辛亥九月廣東光復。盧信乃移報社於廣州。

漢口大成印刷公司　　漢口新馬路　　孫武丁笏堂

是秋黃復生汪兆銘喻培倫由香港至漢口謀刺清吏端方於京漢車站。不成。乃將爆炸留置於同志孫武寓所。時孫假漢口新馬路大成印刷公司爲貯物所。改名金相。號泉山。通信由丁笏堂轉。冬十一月孫至香港訪馮自由商談合作。始加入同盟會。相約通信地點爲武昌黃土坡街五號李寓轉孫治安。號夢飛。

東莞醒天夢劇團　　廣東東莞　　黃俠毅莫紀彭李文甫

醒天夢劇團爲粵省東莞志士黃俠劇莫紀彭李文甫林直勉等所組織。團址設於東莞石龍。專排演愛國新劇幷宣揚民族主義。有熊飛戰死榴花塔及袁崇煥督師各劇本。是歲三四月赴香港排演。中國日報大爲贊賞。黃莫李林等卽於是時加入同盟會。

貴陽國民捐會　　貴州貴陽　　張百麟蔡嶽鍾昌祚

是冬風傳列強監督我國財政之說。自治學社張百麟鍾昌祚等乃假貴陽諮議局名義。倡設國民捐會。選蔡嶽樂嘉銓周培藝爲會長。謀集款購械編練鄉團。伺隙起事。爲君憲派任可澄向清吏百計破壞。卒被解散。

貴陽公立法政學堂　貴州貴陽　黃澤霖張百麟鍾昌祚

此校乃貴州自治學社黃澤霖張百麟張澤鈞鍾昌祚等所創辦。昌祚自任校長兼教員。常以民族主義書報爲課材。附律師專修科。有學生六七百名。辛亥黔省光復青年多出其門。

漢口商務報　湖北漢口　宛思演劉堯澂詹大悲

羣治學社成立後。由社員宛思演斥資創刊商務報於漢口爲宣傳機關。劉堯澂詹大悲查光佛何海鳴等爲編輯。次年庚戌三月。羣治學社因謀舉義事洩。被解散。是報旋亦被封禁。

漢口共進會　湖北漢口　焦達峯孫武

是歲三月焦達峯孫武至鄂。設共進會總部於漢口法租界長清里。并設分部於吳肖韓私宅。焦孫等日與羣治學社黃申薌等商談合作。會勢日形發達。

北京守眞照相館　北京玻璃廠　黃復生汪兆銘黎仲實

己酉秋九月。黃復生偕但懋辛赴北京經營暗殺機關。十二月汪兆銘黎仲實喻雲紀陳璧君等亦到。遂開設照相館於城外琉璃廠。名曰守眞。以掩人耳目。是月杪適清貝勒載洵載濤等由歐洲歸國。黃等攜皮包內置炸彈。在東車站相候。擬於下車時炸之。以戒備嚴密不果。守眞至翌年庚戌始正式營業。二月甘水橋下炸彈發覺。始被清吏封禁。

哈爾濱賓如棧　哈爾濱秦家崗　熊成基

熊成基於戊申冬在安慶起義失敗後。越年到吉林長春有所活動。是冬隻身至哈爾濱。寓道外秦家崗賓如棧。探悉清貝勒載濤將於十二月十八晚車到哈站。欲刺之不成。二十一日在俄國飯店被捕。越年庚戌正月十八日就義於吉林。

香港金利源藥材行　香港文咸東街　李煜堂李文啓李海雲

此店爲李煜堂文啓昆仲開設五十餘年之老藥材行。專經營香港美國間之國產藥材生意。煜堂即馮自由之外舅。中國日報歷年經費多賴其供給。自馮自由是春赴加拿大後。革命軍統籌部與海外同志來往函電。均假此店傳達。同志李海雲所設遠同源外匯莊卽附設此店二樓。庚戌辛亥二年黨人購運軍械。亦假此店爲貯藏所。

紐約同盟會　　美國紐約　　孫總理黃佩泉趙公璧

是歲九月杪。孫總理自歐洲抵美國紐約。暫寓該埠巴也街七十二號洪門老友黃溪記所設商店。卽號召同志黃佩泉（卽溪記）趙公璧陳永惠吳朝晉唐麟經吳贊等組織同盟會。是爲旅美華僑成立同盟會之第一次。未幾得香港黃克強等電稱廣州新軍運動成熟。請籌餉接濟。結果紐約及波士頓兩埠同志共助香港幣五千元。

芝城同盟會　　美國芝加古　　孫總理蕭雨滋梅培

己酉十月。孫總理得香港南方支部電。報告廣州新軍運動成熟。請卽匯款接濟。遂向紐約波士頓同志開始募餉。收效甚微。繼赴美東芝加古繼續籌餉。同志蕭汝滋蕭漢衞梅壽梅培曹湯三羅泮輝程天斗梅賜璧李雄梅天宇等開歡迎會於聚英樓。卽成立同盟會。幷以梅壽所開之泰和店爲通信處。居芝城月餘。僅募得香港幣三千元。遂於十二月逕赴舊金山。

廣州新軍聯絡部　廣州城內豪賢街　倪映典巴澤憲方紫楠

是冬倪映典受同盟會命策動廣州新軍反正。即與巴澤憲方紫楠潭瀛易培之等向駐粵新軍大肆活動。遍設機關於城內豪賢街天官里寄園巷五號雅荷塘六十七號木排頭宜安里清水濠同餘慶坊各處。天官里寄園巷五號即倪映典巴澤憲方紫楠常駐之所。爲聯絡新軍之總機關。

廣州雅荷塘機關　廣州雅荷塘　倪映典黃洪昆譚瀛

雅荷塘六十七號爲倪映典陳哲梅譚瀛張立璧黃洪昆王占魁江運春趙珊林等聯絡新軍兵士之分機關。兵士來此受盟者。踵趾相接。譚瀛夫婦居此。

廣州濂泉寺機關　廣州城外白雲山　倪映典方紫楠甘永宣

倪映典運動新軍方法。初由香港中國日報代印同盟會小盟單萬張。每逢假日。即邀各兵士齊集白雲山濂泉寺。由巴澤憲王占魁甘永宣黃洪昆梁耀宗等演講革命眞理。兵士聽講後。紛紛取盟單塡寫宣誓。故進行不滿一月。三標兵士入黨者佔大多數。

廣州宜安里黃寓　廣州市高第街　黃俠毅徐宗漢胡靈媛

高第街宜安里東莞黄寓爲倪映典活動機關之一。以東莞同志黄俠毅寓所名之。居此者有女同志徐宗漢胡靈媛（漢民之妹）等。内藏鎗械旗幟等物。當新軍舉義時。徐等卽放火爲號。火息後。被警察搜獲革命軍旗多面。警吏明知爲黨人機關。不予查究。亦異事也。

番禺大塘村機關　廣東番禺河南　李福林李海雲胡毅生

己酉十二月南方支部旣決定派倪映典策動廣州新軍尅日反正。同時復派朱執信胡毅生等聯絡南海番禺順德三水等處民軍首領李福林陸領陸蘭清譚義李雍黎廣等籌備響應。其調動總機關設於番禺河南大塘村。因民軍多有鎗而無彈。另派李海雲攜巨款駐大塘機關。專任購彈事宜。李爲香港遠同源商號司事。所攜款卽取自遠同源商號公款。

革命運動第二十五年庚戌

民國紀元前二年　清宣統二年　陽曆一九一〇年

機關名稱	所在地	主要人姓名
廣州新軍革命軍	廣州東郊燕塘	倪映典方紫楠王占魁

倪映典運動廣州新軍三標兵士將次成熟。遂在東郊燕塘礮工輜營內設新軍聯絡部。預定於庚戌年正月初旬大舉反正。詎於先一年己酉十二月三十夜。有兵士因購名片小故與警察發生爭執。遽釀成軍警衝突之大風潮。由是雙方互鬥。勢同敵國。映典即赴香港謁黃興趙聲。請提前發動。以應事變。議決於正月初六日大舉。是歲正月初二早映典由港歸抵廣州燕塘。見各兵士紛紛備戰。勢同騎虎。已無法勸阻。遂毅然入礮工輜營。全軍歡呼。於是連誅反抗革命之管帶齊汝漢隊長胡恩深等。隨率隊進攻清軍於牛王廟。因新軍子彈早爲清吏扣發。缺乏戰鬥力。卒爲清將李準吳宗禹所敗。映典受創不屈。死之。被捕隊官多人。黃洪昆王古魁江運春三人遭害。餘監禁。

機關名稱	所在地	主要人姓名
溫高華大漢日報	加拿大卑詩省	馮自由張澤黎黃希純

此報爲英屬北美加拿大洪門致公堂總機關。設於温高華埠片打街五號。專提倡反清復漢之宗旨。出版於是年春夏間。延馮自由爲總編輯。張澤黎黃希純吳俠一黃偉生等爲撰述員。馮主筆政數月。全加華僑多傾心革命。各地保皇會員因而迷途知返登報脫黨者。絡繹不絕。該埠保皇會原有機關報名日新報。開設多年。其主筆梁文興康徒湯覺頓之小舅也。以彼黨勢力日漸衰退。遂向大漢報挑戰洩憤。馮乃揭發歷年康梁棍騙罪狀。向之迎頭痛擊。彼此駁論至二百餘續。爲海外兩黨最持久之文戰。而僑胞知識亦緣是具長足之開發。至是年冬。馮以籌餉大舉之時機已告成熟。乃電告孫總理。請其尅日來加發動募款。時總理正與黃克強趙聲等規畫廣州大舉。需款至急。得馮電大喜。遂由南洋兼程渡美。結果辛亥三月廣州之役。加拿大華僑助餉居第一位。大漢報之力也。

維多利致公總堂

加拿大卑詩省　　馬延遠容家珖

維多利致公堂爲加拿大各埠致公堂之總堂。職員有大佬馬延遠。先鋒謝超。書記容家珖張輝等。會址在該埠菲士格街六一九號。爲自置公產。該堂於大漢報之創刊。贊助最力。辛亥廣州三月廿

九之役。衆議將公產向銀行抵押充革命軍餉。得香港幣三萬元。是爲洪門人士變產助餉之

温高華致公堂　　加拿大卑詩省　　陳文錫黃璧峯許昌平

加拿大各埠洪門會員以温高華埠爲最衆。該埠致公堂在片打街五號二樓。大漢報卽該埠堂所發起。辛亥正月孫總理遊加拿大籌餉。卽以此爲總樞紐。職員有大佬陳文錫先鋒李黃璧峯許昌平董事林德渠岑發琛黃紀傑諸人。

舊金山同盟會　　美國加省　　李是男黃魂蘇黃伯耀

是歲正月初旬。孫總理由美東抵舊金山。卽命李是男黃魂蘇黃伯耀黃超五張靄蘊許炯藜等將少年學社改組爲美洲同盟會。幷將同盟會舊誓辭「驅除韃虜恢復中華創立民國平均地權」十六字改爲「驅除韃虜淸朝創立中華民國實行三民主義」十八字。是爲同盟會誓辭忝入三民主義之始。自是黨勢日盛。陸續開設分會數十處。

北京東北園黎寓　　北京琉璃廠　　黃復生汪兆銘黎仲實

是爲黃復生黎仲實汪兆銘喻雲紀等所設暗殺團之祕密住宅。地在琉璃廠東北園。榜其名曰黎

寓。是歲二月二十一日晚復生雲紀兆銘等埋置炸彈於十刹海附近甘水橋下。謀轟炸清攝政王於歸途。事洩逃散。復生兆銘被逮入獄。辛亥八月武昌革命軍起始釋。

檀香山同盟會　夏威夷島　盧信曾長福梁長海

同盟會本部成立五年。檀香山興中會尚未改組爲同盟會。至庚戌三月孫總理自美莅檀。邀集曾長福盧信梁海黃亮黃堃雷官進許直臣温雄飛諸人於自由新報樓上。說明改組之必要。遂於即日宣佈成立。衆推梁海爲會長。曾長福盧信等分任幹事。

茂宜同盟會　夏威夷島　鄧明三陸進

茂宜島向有興中分會。因檀香山正埠已改組爲同盟會。遂亦踵之。主持者有鄧明三陸進譚進譚貴福劉聘諸人。

希爐同盟會　夏威夷島　黎協林弼南劉安

希爐埠乃夏威夷羣島中之第二大島。興中會事務向由農業家黎協主持。至是各會員亦分別宣誓。改稱同盟會。林弼南李成功劉安李社銀譚惠金等分任幹事。其通信處設於黎協所開永萬春商店郵箱七號。

檀島同盟會祕密團　　夏威夷島　　楊廣達鍾宇譚逵

檀埠同志僑商因時遭保皇會搆陷。大有戒心。故孫總理特設同盟會祕密團以收容之。同時假鍾宇住宅。邀集楊廣達李烈譚亮黃亮譚逵雷官進等決議成立祕密團。派楊廣達爲團長。鍾宇雷官進黃亮盧信等分任値理。

檳榔嶼光華報　　英屬馬來亞　　莊銀安陳新政雷鐵崖

庚戌夏。駐仰光清領事蕭永熙向緬甸英官誣稱光華報鼓吹無政府主義。英官遽下令逐是報當事人出境。報中職員人人自危。經理莊銀安避往檳榔嶼。即與該埠同志陳新政黃金慶等另發刊第三光華報。延雷鐵崖周杜鵑等爲編輯。言論激烈如前。

仰光進化報　　緬甸仰光　　呂志伊徐贊周陳鍾靈

仰光光華報僅停版月餘。呂志伊徐贊周陳鍾靈李海國魏聲畝陳震川丘思道諸人即籌辦第三次之黨報。改光華曰進化。於庚戌年二月出版。發刊僅八閱月。復被保皇黨勾結英官假查賬爲名任意摧殘迫而停版。志伊以是離緬歸國。

上海民聲叢報　上海福州路　陳其美陳匡陳去病

是報爲陳其美所創辦。撰述人有陳匡陳去病等。論調與神州民立兩報略同。癸卯後上海出版各雜誌。以此報爲最富有革命色彩。

雪梨民國報　澳洲新金山　劉滌寰伍洪培黃右公

雪梨新金山係澳洲首府。全澳洲自梁啓超於辛丑年（民國十一年）來遊後。已成保皇黨勢力圈。祇有該黨所創東華報一家。是年雪梨埠洪門致公堂始開設民國報。社址在海馬格街郵箱第八十九號。先後延劉滌寰伍洪培黃右公等任編輯。宣傳反淸復漢主義。保皇黨大受打擊。

武昌振武學社　武昌蛇山蘄春學社　黃申薌李抱良楊王鵬

羣治學社解散後。經社員黃申薌李抱良楊王鵬查光佛祝制六章裕昆等努力奔走。於是年七月假武昌新軍四十一標一營左隊隊部召集各營同志開會。決議改組爲振武學社。衆推楊王鵬爲社長。辦事處設於蛇山蘄春學社。成立後三月。事爲協統黎元洪所知。將楊王鵬李抱良鄭士杰等撤職。社務以是擱淺。

上海民立日報　上海三茅閣橋　于右任宋教仁景耀月

于右任自民吁日報被封後。復著手組織民立日報經營一載。得龐青城沈縵雲孫性廉張人傑等貲助。於庚戌九月初九日始行出版。館址設在三茅閣橋。先後主筆政者。有于右任宋教仁景耀月呂志伊談善吾范光啓王无生徐血兒諸人。辛亥九月上海光復。民立報亦爲策動機關之一。此報繼續維持至民國二年秋各省討袁軍失敗。民黨勢力崩潰。始自行停版。

檳榔嶼孫公館　檳榔嶼柑仔園　孫總理

是歲七月。孫總理自日本抵檳榔嶼。即挈眷移居該埠柑仔園。南洋支部黨務爲之一振。同時通告南洋各埠分會。令倣美洲黨員新例。將盟書內中國同盟會會員字樣改爲中華革命黨員。未幾孫眉黃興趙聲胡漢民謝逸橋謝良牧何克夫等及各埠代表應邀來會。十月十二日決議募集巨款在廣州大舉。總理擔任赴美洲籌餉。即於是冬首途。總理離檳後。其眷屬家費由檳榔嶼吡叻芙蓉吉隆坡四處黨員分擔之。

九龍城黎寓　香港九龍城　黎仲實喻雲紀

汪兆銘黃復生在北京被逮後。暗殺團員黎仲實喻雲紀陳璧君黎德榮等設機關於香港九龍城。專事籌款以營救汪黃二人出獄。所費不貲結果派員北上。僅由獄吏間接取得汪在獄中所詠詩數首而已。

香港支那暗殺團　香港油蔴地　劉思復朱述堂李熙斌

是團由劉思復謝英伯朱述堂高劍父李熙斌陳自覺陳炯明程克等十八人所組織。專以暗殺滿清權要爲宗旨。是年春先後設機關於油蔴地及般咸道等處。六月復遷往摩士忌街二十三號。最初派程克北上謀刺滿大臣。毫無消息。次年辛亥閏六月十九日復派林冠慈陳敬岳潘賦西劉鏡源謀炸清提督李準於廣州倉前街。李準被炸重傷。冠慈即死。敬岳被逮殉義。是歲九月初三日清將軍鳳山被炸死。該團員朱述堂李熙斌梁倚神等均與有力。

利馬埠民醒報　南美洲祕魯國　李碩夫許鐸香

南美洲各國華僑贊成革命者。以祕魯國利馬埠爲最早。是歲該埠華僑初與香港中國日報及加拿大大漢日報互通消息。旋創辦民醒報旬刊。社址在利馬埠卑介格斯街三三七號。主持人有李碩夫許鑣香張達初等。

舊金山少年中國晨報　美國加省　李是男黃芸蘇黃超五

同盟會在美洲開設言論機關。以此報爲最早。出版於庚戌年冬。社址設於舊金山克利街八八一號。先後延李是男黃超五黃芸蘇張靄蘊黃伯耀等爲編輯。陳樹莘司徒介臣等爲經理。於辛亥革命之宣傳。厥功至偉。此報至今尚存。爲革命黨機關報之壽命最長者。

溫高華同盟會　加拿大卑詩省　馮自由周盛黃希純

庚戌以前。加拿大向無同盟會員足跡。是冬馮自由始組織同盟會於溫高華埠。會址初設於麗安紡織公司。衆舉馮任會長。周盛爲副會長。黃希純爲書記。通信郵箱爲八百三十五號。在辛亥武昌起義前。只有會員吳俠一葉求茂高雲山朱文伯劉儒堃楊芳盤棠黃元仕黃龍傑黃蔚生等百數十八。

委也基國漢族自由社　南美洲委也基國　不詳

委也基 GUAYAQUIL 國爲南美洲小國之一。是個有心革命之華僑創設漢族自由社。初與香港中國日報通信。通信郵箱爲第五號。

漢口大江報　湖北漢口　詹大悲何海鳴查光佛

商務報被封後。是年十一月詹大悲查光佛等復措資創辦大江報於漢口。以繼其後。何海鳴胡瑛黃侃等任撰述。次年辛亥文學社成立。遂爲該社之宣傳機關。反對清廷僞立憲及鐵路國有政策最力。以持論激烈。詹何二人同被清吏拘禁。至八月義軍勃起始出獄。

葛崙埠同盟會　美國加省　鄭占南

屋崙埠同盟會　美國加省　陳樹苹陳披荊譚南

沙加緬都同盟會　美國加省　黃晉三鄺灼

士篤頓同盟會　美國加省　葉殖蘭陳耀垣

斐市那同盟會　美國加省　朱尊三周敍五

北架斐爾同盟會　美國加省　鄺廣池周文培

洛山磯同盟會　美國加省　何利

馬些埠同盟會　美國加省　周瑞厚

滑慎威利同盟會　美國加省　高廷槐梁樹熊

山柯些同盟會　美國加省　譚銳言

西雅圖同盟會　美國華省　伍宏漢陳文宗

砵崙埠同盟會　美國柯省　陳賞李錦源

的彩埠同盟會　美國中部　伍頌唐梅光培

委林麥同盟會　美國中部　朱卓文劉希碧

亨佛埠同盟會　美國　不詳

波士頓同盟會　美國東部　阮倫李綺菴余夔

埃崙頓同盟會　美國加省　陳民興歐漢英

費城同盟會　美國東部　梅毅南

美利賀同盟會	美國加省	方富纘張紹廉
汪古魯同盟會	美國加省	簡振興歐陽可惠
紐柯連同盟會	美國南部	鄧鏡州
山爹古同盟會	美國加省	譚世彰
山達巴巴同盟會	美國加省	林卓峯

上列同盟會分部二十餘埠。均於是春舊金山支部開幕後先後成立。其中半數是於辛亥年始成立者。

夏灣拿同盟會	古巴國京城	黃鼎之蔣道日
介華連同盟會	古巴國介華連埠	蘇怡章
雲丹拿同盟會	古巴國雲丹拿埠	蔣道日林植庭

上列古巴國三埠同盟會。是由檀香山同盟會接洽成立。

東京左仲遠寓	日本東京	陳猶龍宋教仁譚人鳳

左仲遠卽庚子漢口富有票案之陳猶龍（字桃凝）改名。時寓東京小石川區。是年六月譚人鳳趙聲宋教仁林時塽等均集東京。遂邀集旅日十一省區同盟會分會長開會於左仲遠寓所。決定發動長江革命及組織東部同盟會計畫。

漢口雄風報　湖北漢口　楊玉如

是報爲湖北共進會員楊玉如主持。論調與大江報略同。但比較穩健。故不爲淸吏所忌。

廣州灣三泰利號　廣東廣州灣　孫壽屏楊德初

孫壽屏於是冬被香港政府驅逐後。卽偕楊德初赴廣州灣赤坎設立機關。聯絡高雷各屬會黨。以備廣州義師之響應。幷易名黃振東。以廣州灣赤坎三泰利號爲通信處。

仰光緬甸公報　緬甸仰光　徐贊周張永福

仰光進化報被摧殘後。是冬徐贊周聯絡同志張永福楊子貞曾上苑陳鍾靈諸人。以學務總會名義。措資承購進化報機器鉛字。另發刊緬甸公報。仍以宣傳革命爲務。至次年民國成立猶屹立弗衰。

柳州革命軍　　廣西柳州　　柯漢賓許仲山張鐵臣

庚戌六月同盟會員柯漢賓許仲山什乃綱張鐵臣陳曉峯劉震寰楊景廷錢權諸人運動民軍二千餘人。定期八月初旬祭丁日襲取柳州爲根據地。并約桂林新軍響應。其辦事處設於柳州蓮花橋一樂也俱樂部。事前被清吏偵悉許仲山被捕。柯等仍使民軍陸續集中附城十里之屯衙赫準備發難。被該處團紳劉揚輝向清吏告密。清總兵李國治派兵圍捕。衆早得訊。乃於事前散去。

舊金山金門學堂　　美國加省　　黃超五黃芸蘇張藹緼

金門學堂爲舊金山有志僑商所創辦。黃芸蘇黃超五張藹緼程祖彝等任教員。初假帝國憲政會樓宇爲校址。因黃等時對學生等提倡革命。爲保皇派校董所不滿。決議停辦。黃等乃另稅屋續辦。師生皆先後加入同盟會。

革命運動第二十六年辛亥

民國紀元前一年
清宣統三年
陽曆一九一一年

機關名稱	所在地	主要人姓名
武昌文學社	武昌黃鶴樓	蔣翊武劉堯澂詹大悲

振武學社於庚戌冬解散後。社員蔣翊武劉堯澂王守愚蔡大輔詹大悲章裕昆諸人決議改組爲文學社。召集軍界同志於辛亥元旦假新軍團拜名義開成立大會於黃鶴樓之風度樓。衆舉蔣翊武爲社長。王憲章副之。并派定各會員聯絡各標各營任務。四月更賃小朝街八十一號張廷輔寓樓上作總機關。漢口鄭兆蘭寓及漢陽陳德元寓作分機關。旋派劉堯澂王守愚等與共進會洽商聯合行動。是歲八月十八晚蔣翊武彭楚藩牟鴻勛劉復基等即在此被捕。翊武走脫。彭牟龔等被逮。彭劉旋就義。

機關名稱	所在地	主要人姓名
香港振天聲白話劇社	香港	陳少白黃詠台何侶俠

香港振天聲劇團解散後二年。陳少白黃詠台等至辛亥春復措資改組爲振天聲白話劇社。社員

仍由舊團員黃詠台衞滄海何侶俠歐壽山梁少偉盧我讓劉漢在何少俠諸人充之。所演話劇如自由花、父之過、愚也直、夜未央、睹世界、鳴不平等等。均屬喚醒國魂解放專制之作。是爲粤人創造白話劇之先河。

北京國風日報　北京琉璃廠　程家檉白逾桓杜羲

此報亦由程家檉等募款創立。編輯人有白逾桓杜羲陳家鼎趙世鈺等。專以反對僞立憲及鼓動中央革命爲宗旨。

北京國光新聞　北京西草廠胡同　田桐景定成井勿幕

辛亥春各省革命志士羣集北京。謀實行中央革命。田桐亦由南洋抵北京。卽與景定成續西峯井勿幕等同發刊此報。以爲宣傳機關。

香港革命軍統籌部　香港跑馬地　黃興趙聲胡漢民

庚戌冬檳榔嶼大會之後。黃興趙聲胡漢民等奉孫總理命先後歸香港。籌備在粤大舉。至辛亥正月中旬始成立革命軍統籌部於該埠跑馬地三十五號。衆舉黃興爲統籌部部長。趙聲副之。內分出納祕書儲備調度交通編制調查總務八課。另設分機關多處。幷於中環擺花街設實行部。專製造炸彈以備發難及暗殺之用。至二三月間華僑捐款陸續匯到。遂在廣州進行大舉。是爲轟動全國的三月二十九之役。

溫高華洪門籌餉局　加拿大卑詩省　馮自由劉儒堃岑發琛

孫總理應馮自由電邀。於是年正月初二日由美東抵溫高華埠。卽與致公堂大佬陳文錫書記許昌平各職員發起洪門籌餉局。別名國民救濟會。事務所附設大漢報內。衆推劉儒堃爲會長。岑發琛爲副會長兼司庫。馬延遠陳文錫馮自由爲監督。陳椽如爲中文書記。黃希純爲英文書記。維多利埠致公總堂首將其公產抵押香港幣三萬元。電匯香港統籌部以爲衆倡。辛亥三月廿九廣州之役。加拿大共募款港幣七萬餘元。居各地華僑義捐之第一位。

紐威明士達致公堂　加拿大卑詩省　林鑑吳俠一

紐威明士達又稱二埠。距溫高華約行汽車一小時。孫總理馮自由曾到該埠致公堂募捐。會員頗形踴躍。

多倫多致公堂　加拿大東部　許一鶚李佛池黃蔚生

孫總理馮自由曾親到該埠籌餉。各埠致公堂會員以此埠爲最熱心。一致通過變賣其自置樓宇充革命軍餉。即匯香港港幣一萬元。

金巴侖埠致公堂　加拿大卑詩省　容家珧

奶麿埠致公堂　加拿大卑詩省　林德渠

滿地可埠致公堂　加拿大圭碧省　林華生

魁北克埠致公堂　加拿大魁北克省　馬傑三

渥太華致公堂　加拿大首都　吳謙民

坎文頓致公堂　加拿大西部　陳竹平

卡忌利致公堂　加拿大西部　雷卓平

溫利辟致公堂　加拿大中部　盧慶文

笠巴士篤致公堂　加拿大西部　馬達

列必珠致公堂	加拿大中部	關平
雷振打致公堂	加拿大西部	黃元仕李公達
京士頓致公堂	加拿大東部	李一平
山打允致公堂	加拿大東部	關策吾
把利佛致公堂	加拿大東部	胡三
沙士加寸致公堂	加拿大中部	黃璧峯
那士比致公堂	加拿大中部	司徒漢民
蘭頓埠致公堂	加拿大卑詩省	李壽

加屬各埠有洪門致公堂者凡五六十處。上列各埠乃孫總理馮自由曾遊歷募餉之地。其他未到之地。以爲期迫促及路程遼遠。未能遍遊。其捐款多匯溫高華洪門籌餉局。由籌餉局按照金額。發給孫總理及李公俠署名之金幣債券。

漢口廣惠公司	湖北漢口	宋教仁張斗樞劉紹襄

此公司設於漢口俄租界寶善里。係宋教仁派張斗樞劉紹襄等組織之祕密通信機關。表面經營礦務。實則計畫兩湖之革命運動。楊舒武居正譚人鳳等抵鄂常在此出入。

漢口長清里機關　湖北漢口　譚人鳳居正孫武

辛亥正月黃克強派譚人鳳攜款赴鄂組織機關。運動軍隊。以響應三月廣州之役。譚於是月下旬抵鄂。乃與孫武居正楊玉如楊時傑李春萱鄧玉麟等策動工作。設立機關三處。總機關設於漢口法租界長清里九十八號。

武昌胭脂山機關　湖北武昌　孫武胡祖舜楊時傑

武昌山後胭脂巷後十號爲孫武等聯絡軍隊機關之一。各兵士傾心革命者多在此處受盟。楊時傑胡祖舜等主其事。

武昌同興酒店　武昌黃土坡　鄧玉麟孫武

黃土坡地在武昌山前陸軍工程營與武建營之間。爲兵士出入必經之小街。孫武鄧玉麟特在此開設小酒店。以聯絡軍人入黨。新軍趨之若鶩。是爲一最得力之機關。鄧玉麟僅領到開辦費一百

元維持四閱月以資金耗盡歇業

武昌同興學社　武昌山後　鄧玉麟趙師梅陳磊

黃土坡同興酒店歇業後。孫武鄧玉麟等乃另設機關於武昌山後巡道嶺九號，改名同興學社。由工業學堂學生趙師梅陳磊費孟謙趙患生往來照料。

長沙天星閣機關　湖南長沙　譚人鳳鄒永成劉文錦

辛亥二月譚人鳳邀鄒永成曾傑劉文錦彭莊仲吳任等洽商聯絡軍隊策應廣州事。各派定分途運動職務。并設機關於長沙天星閣下晏家塘。三月初二日召集各營同志軍官在天星閣三樓協商進行。為清探偵知。報告當局。湘撫余誠格因聞到會人衆。不敢從嚴究辦。

寶慶河街機關　湖南寶慶　鄒永成謝介僧陳白新

是歲三月長沙會議後。鄒永成謝介僧陳白新赴寶慶設機關於寶慶河街正順成商號。以聯絡軍隊及會黨岳堯明黃堂成譚二式等助之。因為清吏搜查。衆多逃省。

廣州人權報　廣州市西關　陳耿夫陳霄九李孟哲

是春陳耿夫李孟哲黃霄九等創設人權報於廣州西關洞第八甫。目的在喚起民族思想。陳黃李三人均老同盟會員。廣州各報中記者全屬同盟會籍者。以此報爲最早。

廣州平民報　廣州市西關　潘達微陳樹人鄧慕韓

此報與國民報人權報同一宗旨。編輯人潘達微廖平子鄧慕韓陳樹人等皆同盟會員。另附設平民畫報以吸收觀衆。爲報界中開一新生面。

廣州軍國民報　廣州市西關　盧岳生

廣州齊民報　廣州市西關　王秋湄鄧警亞

廣州中原報　廣州市西關　盧岳生楊計白

上列三報編輯人多屬同盟會員。是時各報排斥滿清僞立憲及官僚政治。如同一轍。大受觀衆歡迎。淸吏畏憚民氣。多視若無覩。

廣州可報　廣州第七甫　陳炯明馬育航鄒魯

此報乃粵諮議局投可票反對開賭案一派議員陳炯明等所創設。故名可報。開辦時。炯明曾向胡漢民等求助。故革命軍統籌部撥款千元助之。編輯人有馬育航葉夏聲鄒魯及反對開賭之議員諸人。因載溫生才刺清將軍李崎事。辭涉激烈。被清吏勒令停版。

香港實行部機關　　香港中環　　喩雲紀李應生

革命軍統籌部於正月成立後。即組織實行部於中環擺花街。幷派實行員喩雲紀李應生多人分設機關多處。專任製造炸彈及準備暗殺之用。三月初旬移廣州甘家巷。

廣州革命軍司令部　　廣州小東營　　黃興譚人鳳林時塽

香港革命軍統籌部於是歲二三月間陸續接到華僑義捐。先後派男女黨員多人赴廣州市內外城租賃房屋三十餘所。供各省同志住宿及貯藏軍械接洽兵隊之用。又開設二米店。以利便擔保租屋。總機關司令部設於城內小東營五號朝議第。總司令黃興及林時塽譚人鳳等居此節制一切。三月二十九之役。黃興率衆進攻督署。即由此出發。所屬城內外各機關街名列後。

廣州蓮塘街吳公館　　蓮塘街十三號　　何克夫劉梅卿何少卿

廣州蓮塘街頭髮店　　蓮塘街　　陳鏡波等

廣州二牌樓機關	二牌樓	宋玉琳石經武
廣州嘉屬會館	長堤	姚雨平所部
廣州芙蓉里第四號	舊倉巷	柯漢資錢權李德山
廣州海旁西街寶豐米店	小東門海旁街	黃中理
廣州育賢坊米店	城內育賢坊	梁起黃俠毅
廣州始平書院機關	仙湖街	鐘秀南張六村
廣州粵成頭髮公司	小北門仁安里	郭漢圖呂氏馬祺
廣州甘家巷機關	西湖街八號	李應生李佩書黃鶴鳴
廣州萬福里羅宅	萬福里一七八號	羅錞及其眷屬
廣州廠後街李宅	廠後街十一號	朱應生李沛基
廣州同福堂機關	大東門二十二號	招待華僑同志
廣州大石街機關	大石街	徐維揚莊漢翹宋銘黃

廣州司後街陳公館	司後街	陳炯明
廣州粵秀里機關	粵秀里	胡靈媛梁綺川
廣州瓷器店	高第街	郭冠雄郭典三
廣州容福里劉宅	容福里五號	廣西同志劉古香等
廣州聯勝里機關	高第街	莫紀彭等
廣州天香街機關	天香街	周增輝等
廣州麗眞照相館	西關十六甫	楊光漢等
廣州祥龍里陳宅	仙羊街	陳遴生等
廣州謝恩里機關	城內謝恩里	饒輔廷吳雨蒼等
廣州大塘街機關	大塘街	姚友軍等
廣州小南門機關	小南門二十四號	姚雨平所部
廣州觀音山脚機關	觀音山六十四號	不詳

機關	地址	人員
廣州炸粉街機關	城內炸粉街	羅俊等
廣州江家祠機關	府學東街長興里	陸維平等
廣州司後街機關	城內司後街	邱錦芳等
廣州牛巷機關	城內牛巷	陳鐵崖等
廣州泰泉里機關	泰泉舊里	林樹魏梁衛平等
廣州河南但公館	省河南	福建同志方聲洞等
廣州九眼井機關	城內九眼井	王興中葉挺芬等
廣州大馬站機關	大馬站六十四號	不詳
廣州溪峽徐公館	省河南	徐宗漢莊六李晚擾
是為貯藏軍械機關之一。徐宗漢莊六李晚擾黃悲漢等居此。外飾胡宅娶親。以掩外人耳目。是役黃興血戰脫險後。即僱小艇渡河逃至此宅。四月初一日改裝由徐宗漢陪伴搭輪赴港。		
廣州省河水上機關	省河大沙頭	李海雲李其陸覺生

是役黃興派李海雲偕李其陸覺生袁玉雲等於發難時設計攻取軍艦。事成。即由軍艦發礮轟擊水師公所。海雲所設機關即設於大沙頭紫洞艇。

廣州巡警教練所　　省城內　　夏壽華陳方度黃一歐

巡警教練所所長湘人夏壽華與革命黨素有關係。湘省同志黃一歐（黃興之子）陳方度李杜中胡國樑柳聘儂等到省。多由壽華照料。所中學生二百餘人大部受盟準備響應。舉義之日。因與小東營總機關失去聯絡。未克參加事後黃一歐等各喬裝警察出險逃港。

香港革命軍統籌部出納課　　香港跑馬地　　李海雲

廣州三月廿九之役。所用軍餉為歷次革命諸役之最鉅者。香港革命軍統籌部特設出納課以處理之。課長為香港前遠同源商號司事李海雲。所募軍餉均出諸美國加拿大檀香山南洋英荷諸島安南暹羅各地華僑。美國籌募員為李是男等計得香港幣一萬二千元。加拿大籌募員為馮自由。計得港幣六萬四千元。英屬馬來亞籌募員為鄧澤如等。計得港幣四萬七千六百餘元。荷屬爪哇等處籌募員為謝良牧等。計得港幣三萬二千五百餘元。檀香山籌募員為盧信。計得港幣二千元。暹羅安南兩地捐款實數未詳。據事後黃興胡漢民致海外同志報告書所列此役支出表。共數一十萬七千六百三十六元。除十五萬七千二百十三元有數可稽外。其餘當出諸安南曾錫周暹羅蕭佛成等經手募捐者。

廣州革命軍出發隊　　廣州小東營　　黃興林時塽朱執信

革命軍統籌部原定分十路向城內各機關進攻。定期三月二十九日下午五時半同時發動。嗣以情勢變更乃改作五路。(一)黃興攻總督。(二)姚雨平攻小北門。佔飛來廟。並迎防營及新軍進城。(三)胡毅生守大南門。(四)陳炯明攻巡警教練所。相約各用白巾纏臂。吹螺角為號。是日黃興所部預定分二部出發。一部在蓮塘街吳公館。約三十餘人。四川同志及華僑各半。一部在小東營總部。共一百三十餘人。閩人花縣人華僑等屬之。內復分二隊。一攻督署衛隊。林時塽為首。一攻督署正門。何克夫為首。均已於上午集合。準備前進。詎屆時各路負責人或以發生誤會或以交通梗阻。均未依期集合。總司令黃興遂對衆慷慨陳辭。毅然率隊出發。時塽克夫劉梅卿等首攻入督署。殺其管帶金振邦及衛兵多人。興及朱執信搜查粵督張鳴岐不獲。乃縱火而出至東轅門。

遇清將李準所部來援。時璞劉元棟林尹文等死之。興亦傷右手。猶能指揮所部。分三路往攻督練公所。及出小北門大南門以接應各軍反正。各路同志均與清軍沿途苦戰。殺傷無算。卒以衆寡懸殊。陣亡及被俘者七十餘人。興及餘衆多逃入同志及戚友住宅得免。趙聲胡漢民等率同志三百餘人二十日早由港抵省。知事敗。即分別折回。事後經善堂檢收遺骸。共得七十二人。同志潘達微爲葬於紅花崗。後改名黃花崗。

柳州華熙客棧　　柳州四碼頭　　陳曉峯黃岱

同盟會員陳曉峯向設華熙客棧於柳州城內四碼頭爲黨人機關。是歲三月與同志黃岱王冠三等籌備響應廣州義師。因關桂林新軍事洩失敗。憤而自殺。

惠州別動隊　　惠州惠陽　　羅熾揚陳甫仁

惠州軍務預定與廣州同時發難。香港統籌部預派羅熾揚陳甫仁主其事。因熾揚浪費公款。毫無成績。統籌部乃續派嚴德明及鍾某繼續進行。令於三十日舉事。屆期竟無舉動。

樂從墟別動隊　　廣州順德縣　　陸領陸常黎廣

黃興定期三月廿九舉義。後卽令惠州及附省各隊伍於二十日同時響應。惟屆期祇有順德民軍陸領陸常黎廣譚義等一路發難。是日陸領率數百人首佔樂從團練分局。四月初一日續佔黎溪公局。初二日進至南海佛山鎮。陣斃清軍防營管帶馬惠中。初三日清提督李準率大兵赴援。民軍以敵衆援絕。遂分路解散。

番禺別動隊　　番禺大塘鄉　　李福林李雍

番禺民軍首領李福林李雍林駒李湛等受黃興命接濟城內義師。初以舊根據地河南大塘鄉爲集合點。後乃改在大水墟附近。預備依期攻入穗垣。因誤聞二十九日之期已改。屆時遂未發動。

上海同盟會中部總會　　上海湖州會館　　宋教仁陳其美譚人鳳

庚戌年夏秋間宋教仁譚人鳳陳其美等已提議組織同盟會中部總會。以策動長江革命。衆多贊成。至是年閏六月初六日始假座上海湖州會館開成立會。各省蒞會同志有呂志伊章梓譚人鳳陳其美宋教仁范光啓曾傑鄭螺生楊譜笙陳勒生李源水林斯琛李洽潘祖彝等三十三人。決議派員分發江浙皖贛鄂湘川陝各省同時大舉。

上海楊譜笙宅　上海老垃圾橋　陳其美楊譜笙

陳其美於是年廣州三月廿九之役失敗後。由香港返滬。即極力進行江浙軍事。其辦事機關密設於老垃圾橋北八百二十一號楊譜笙公館。

舊金山新舞台　美國加省　李是男許弁生

是年夏秋間旅美同盟會員李是男等組織新舞台粵劇團。以籌備革命軍餉爲目的。劇員有李是男許弁生等。大受華僑士女歡迎。

榮縣革命軍　四川榮縣　王子襄等

是歲夏淸政府決將四川鐵路收回國有。鐵路股東開保路大會力爭。淸廷不恤。且派趙爾豐督兵入川勦辦爭路人民。同盟會員王子襄於六月在本縣起事。淸兵攻之。以衆寡不敵。退入山中。

小呂宋同盟會　菲律濱馬尼剌　李萁鄺漢洪黃三記

菲律濱小呂宋埠華僑志士楊豪侶等於乙巳丙午間（民國六七年）已有聚衆反對滿淸立憲及毆傷保皇黨首徐勤之事。時與香港中國日報互通消息。是年春夏間香港南方支部特派李萁赴小呂宋創設同盟分會。孫總理舊同硯閩人鄭漢淇醫生首贊成之。先後加盟者有黃三記王忠誠黃漢傑歐陽鴻鈞林日安鄧寶廷吳宗明諸人。衆舉鄭漢淇爲會長。

小呂宋公理報　菲律濱馬尼剌　鄭漢淇王忠誠吳宗明

小呂宋同盟會既成立。旋措資發刊公理報爲宣傳機關。社址在該埠加里康打拿街四百〇九號。郵箱爲一百四十八號。衆舉鄭漢淇爲經理。吳宗明時編輯。是爲菲島華僑辦報之始。

新加坡南僑日報　英屬馬來亞　盧耀堂黃吉辰

自中興星洲兩報先後停刊。南洋革命黨人之喉舌爲之喑啞者兩載。是年夏始有同志僑商盧耀堂黃吉辰等措資發刊南僑日報。以宣傳三民主義。開辦數月而武昌革命軍起。

舊金山洪門籌餉局　美國加省　孫總理黃三德李是男

是歲五月孫總理重遊舊金山。有鑒於三月二十九廣州一役同盟會與致公堂不能聯合致妨礙籌餉之弊。特令同盟會員一律加入致公堂。以便共同籌餉救國。致公堂大佬黃三德同盟會幹事李是男等均贊成之。決議設立洪門籌餉局。因對外關係。命名曰國民救濟局。局中職員由兩派選用。以黃三德爲監督。朱三進羅敦怡爲總辦。李是男黃傑廷爲會計。唐琼昌劉鞠可黃伯耀爲中西文書記。黃芸蘇張藹蘊趙煜黃富許炯藜等爲遊埠籌餉員。辦事處附設於士波福街三十八號致公堂二樓。於六月二十六日宣告成立。總理復命籌餉局印刷一種中華民國金幣劵。凡助餉美金五元以上者。給予金幣雙倍之數。計自開始籌餉之日至九月廣東光復之日止。共得捐款總數爲美金十四萬四千一百三十元四角一分。至十月初旬。復由駐美洪門籌餉局與致公堂同盟會三團體合舉馮自由爲美洲革命黨歸國參預組織共和政府總代表。并將籌餉局一切帳簿由馮攜歸繳呈革命政府銷號。時全美南北各埠設有致公分堂者百數十處。均一律奉總堂命分任籌餉事宜。茲開列洪門籌餉員遊埠路程所經地名及英文對照如下。

砵倫 Portland　西雅圖 Seattle　華利華喇 Walla Walla

北加城 Baker City　亨定頓 Huntington　南巴 Nampa

貝士 Boise　卜提 Butte　都喇士 Douglas

柯頓 Ogden　梳力城 Salt city　哥那納都士披令 Colorads Spring

登佛 Denver　堪薩斯城 Kansas City　士卜頃 Spokane

聖路易 St. Louis　芝加古 Chicago　先先拿地 Cincinnati

必珠卜 Pittsburg　波地摩 Baltimore　華盛頓 Washington

費利爹化 Philadelphia　紐約 New york　哈佛 Hartford

士丙非而 Springfield　波士頓 Boston

以上從舊金山出發。經美國北部各省由西而東。係孫總理及黃芸蘇擔任。惟孫總理遊至登佛城即接到武昌起義消息。即與黃芸蘇分途而行。直趨紐約。取道歐洲回國。

冰亨頓 Binghamton　巴夫盧 Buffalo　克利芙蘭 Cleveland

的彩 Detroit　密地遜 Madison　聖保羅 St. Paul

綿梨坡利斯 Minneapolis　柯美賀 Omaha　達歌打 Dakota

爹活 Deadwood　比利 Pierre　納碧城 Rapid City

些尼丹 Sheridan　亞爾高 Elko　委林麥加 Winnemucca

密爾城 Mill City　李糯 Reno　卡臣城 Carson city

以上係美國北部及中部路程。原定孫總理黃芸蘇二人抵美東紐約後。即循此路東返。因未抵紐約而鄂省革命軍起。遂爾停頓。

馬些 Merced　馬地拉 Medera　斐市那 Fresno

維沙尼亞 Visalia　些路馬 Selma　亨佛 Hanford

祖拿尼 Tulare　北加斐爾 Bakersfield　歷路士 Needles

傾文 Kingman　埃士霍 Ash Fork　巴士杰 Prescott

知隆 Jerome　威林士 Williams　夫勒士塔 Flagstaff

雲士盧 Winslow　雅柏查 Apacha　巴梳 El Paso

火活 Ft. Worth　華方 Waco　柯卡豪馬 Oklahoma

烟顛拿坡尼 Indianapolis　哥倫布 Columbus　尼摩爾 Lemoore

以上一路係由舊金山出發。經美國南部各省。自西而東。乃籌餉員張靄蘊趙煜二人擔任。

羅利 Raleigh	哥林比亞 Columbia	沙灣拿 Savanah
炭臣威利 Jacksonville	麥桿 Macon	亞蘭達 Atlanta
孟金馬利 Montgomery	莫比利 Mobile	紐柯連 New Orleans
波蒙 Beaumont	家威士頓 Galveston	山鶯吞禮 San Antonio
西路佛雪地 Silver City	洛堡 Lordburg	克禮頓 Clayton
康勒 Conrad	片順 Benson	祖慎 Tucson
斐力斯 Phoenix	天馬 Yuma	李花西 Riverside
歷蘭 Redlands	山班典奴 San Bernardino	洛山嘰 Los Angeles
山的古 San Diego	柯市勒 Oxnard	山達吧吧 Santa Paula
山達坡拿 Santa Barbara	林卜 Lompoc	戈達露拔 Guadaloupe
山壘比市蒲 Sanluis Obispo	沙尼拿 Salinas	滑慎威利 Watsonville
山達克樂斯 Santa Cruz	吉來 Gilroy	山柯些 San Jóse

山馬桃 San Mateo

以上一路亦屬美國南部。原定由南路籌餉員行抵紐約折回。自東而西。仍返舊金山。旋因武昌義軍已起中止。惟各埠致公堂接到洪門籌餉局捐册。均於限期內繳回註銷。

孖士打冷埠致公堂	墨西哥國	不詳
蓁苑埠致公堂	墨西哥	不詳
加蘭姐埠致公堂	墨國順柯拿省	不詳
威麻埠致公堂	墨西哥國	不詳
扶朗姐致公堂	墨西哥國	不詳
益美利致公堂	墨西哥國	不詳
哥路拿致公堂	墨西哥國	不詳

墨西哥國各埠凡有華僑之地均設有致公堂。與美國及加拿大相同。是役亦響應舊金山洪門籌餉局之義舉。捐款均匯交舊金山籌餉局收。

廣州支那暗殺團　廣州韜美醫院　陳敬岳林冠慈李熙斌

香港支那暗殺團劉思復等於是年夏間派團員朱述堂李熙斌陳敬岳林冠慈潘賦西劉鏡源高劍父梁綺神趙灼文諸人赴廣州暗殺清提督李準。得五仙門韜美醫院醫生張淸漳學生施正甫李少華之助。假韜美醫院爲進行機關。閏六月十五日林冠慈陳敬岳潘賦西受命分途邀擊李準於道上。林冠慈遇李於雙門底。卽出兩炸彈連擲之。李重傷。衞兵死傷二十餘人。冠慈亦殉義於亂鎗之下。陳敬岳在育賢坊被警兵逮捕。被清吏刑訊不屈。死之。經此役後。李準漸有輸誠革命黨之意。是歲九月遂輾轉託香港議政局議員韋玉向黨人胡漢民李紀堂謝良牧等表示降意。願先獻虎門要塞及所轄艦隊爲進見禮。故辛亥九月粵省得以不流血而光復者。暗殺團一彈之力爲多焉。

廣州順和隆機器廠　廣州河南　何報鴻張佐基何桂棠

此廠設於穗城長勝里。爲張佐基何報鴻何桂棠等開設之老店。張何等於是歲訂盟同盟會後。卽任製造炸彈鐵売之責。林冠慈陳敬岳等轟炸李準及李沛基周之貞等轟炸鳳山之炸彈。均由此敝承傚。

上海天鐸報　上海望平街　陳止瀾李懷霜夏重民

此報爲漢冶萍股東粵人陳止瀾所開設。初屬營業性質。是歲三月二十九廣州革命一役後。報上言論日趨激烈。執筆人有李懷霜戴天仇夏重民等。

桂林南風報　廣西桂林　廖璋

此爲桂省志士廖璋所設之雜誌。論調與廣州國民南越平民人權各報略同。

開封國是日報　河南開封　劉積學劉芬佛楊源懋

是歲廣州三月一役失敗後。豫省同盟會決議大舉進行。幷措資創辦國是日報於開封爲宣傳機關。任事者有劉芬佛楊源懋閻子固張鍾端劉積學等。同時復派劉積學赴北京發刊國維日報以資聯絡。

檀香山華文學校　夏威夷島　曾長福楊廣達謝英伯

此校爲檀香山同盟會員曾長福楊廣達盧信鍾宇黃亮譚逵等聯合該埠殷商趙錦余樹楊年等

集貲創辦。聘謝英伯吳榮新為教員。專以民族主義的教材訓導華僑子弟。

維多利同盟會　加拿大卑詩省　高雲山朱文伯方幹謙

是歲春夏間溫高華同盟會會長馮自由派維多利埠同志高雲山組織該埠分會。先後加盟者有朱文伯李翰屏方幹謙黃伯度曾駿司徒衍衢諸人。會址任維多利埠科摩倫街五五四號。

福州建言日報　福建福州　林璨黃光弼

此報設於閩省福州南州。為閩籍同盟會林璨黃光弼等所辦。

湖北文學社共進會聯合會　湖北武昌　蔣翊武孫武王憲章

是年七月鄂省革命黨人以聯絡軍隊已臻成熟。遂由文學社之蔣翊武王憲章共進會之孫武劉公（仲文）等開聯合會議於武昌山後李宅。即孫武岳家。一致贊成尅日大舉。推翊武為革命軍總指揮。憲章為副指揮。孫武為參謀長。張廷輔蔡濟民劉復基彭楚藩等為軍事籌備員。并設政治籌備處。推劉公為總理。胡瑛楊玉如楊時傑詹大悲查光佛何海鳴等為籌備員。推居正楊玉如赴滬迎黃興宋教仁譚人鳳等來鄂主持大計。

漢口寶善里機關　湖北漢口　孫武鄧玉麟丁笏堂

是爲鄂省革命軍總機關附設之政治籌備處。地址在漢口俄租界寶善里十四號。八月十七日孫武鄧玉麟丁笏堂等在此裝配炸彈。玉麟適以事外出。未久炸彈突然爆發炸傷孫之頭部。由丁匆遽送往日人醫院療治。案發。巡捕大集。遍搜武昌漢口各機關。逮捕黨人多名。武漢全城大爲戒嚴。各標兵士恐被株連。猝然大舉因有十九日之反正。

武昌孫堯卿住宅　湖北武昌　孫武

孫武寓武昌工程營後面分水嶺。同志常在此聚集。

鄂省革命軍總機關　湖北漢口　孫武蔣翊武劉公

文學社與共進會聯合進行後。即設總機關於前所租賃之漢口法租界長淸里九十八號。蔣翊武孫武劉公王憲章劉復基李春萱鄧玉麟等常在此會議進行。是歲正月譚人鳳奉黃興命攜款到鄂組織機關二處。此卽其一。

漢口漢興里機關　湖口漢口　牟鴻勛邢伯謙

漢口法租界漢興里三十三號亦爲黨人機關之一。革命軍旗及所預備文書佈告多在此籌備。八月十六日探悉清吏有查搜消息。駐守同志牟鴻勛邢白謙梅寶磯謝石欽等乃將各機關文件移至此屋保全。

武昌雄楚樓　湖北武昌　劉公楊玉如

武昌雄楚樓第十號爲劉公楊玉如夫婦之住宅。是歲七月卽在此卜居。亦爲衆同志集會機關。時黨中經費拮据。適劉公家中匯來銀五千兩。命劉到北京捐官。劉乃撥充五千元交孫武彭楚藩李春萱等作革命軍費。因之黨人進行大形活躍。及八月初旬。劉公玉如遷居漢口寶善里。同志仍在此住宿。彭楚藩牟鴻勛陳達五等卽於十八日在此被捕。

武昌中和門雜貨店　湖北武昌　楊鴻勝劉復基

楊洪勝爲憲兵同志。時在武昌中和門闢設雜貨店。專供軍隊同志往來。幷藏貯旗幟文件。八月十八日宏勝因運送炸彈被捕。旋與劉復基彭楚藩同時就義。

漢口寶善里劉宅　湖北漢口　劉公

是歲八月初劉公因起義期近。遂挈眷由武昌雄楚樓遷居漢口俄租界寶善里十一號。與寶善里十四號相距僅數家。十七晚孫武被炸彈爆傷。巡捕搜查鄰舍十一號。捕獲襄陽人劉宗耀及其眷屬龍韻蘭。宗耀韻蘭卽劉公夫婦改名也。

武昌工程第八營　　湖北武昌　　熊秉坤金兆龍程定國

武昌新軍第八營工程隊後隊正目熊秉坤預受革命軍總部派駐該隊總代表任務。八月十九日接到是晚八時發難命令。卽將子彈分發同志金兆龍任振綱程定國林振邦饒春棠陳連魁等應用。是晚兆龍首開鎗擊平日反對革命之排長陶啓勝。啓勝逃。定國再擊之。洞其胸部倒地。於是秉坤率同志四十餘人俱出。連斃管帶阮洪發司務長張文濤數人。立啓本營子彈庫。齊向目標軍械總庫之楚望台集中。與各路義軍會合。是爲辛亥八月鄂軍首義之第一聲。

武昌塘角混成協輜重隊　　湖北武昌　　李鵬昇李樹芬

八月十九晚武昌革命軍之發難。預令駐草湖門外塘角之混成協輜重隊縱火爲號。該隊總代表李鵬昇接到總機關代表李春萱傳達命令後。卽於是晚七時左右率同志李樹芬攜洋油燈往馬號燃燒。各營同志見火大起。遂先後發動。鵬昇乃兼領工程隊同志百餘人齊趨南湖集合。

武昌南湖第八標礮隊　　湖北武昌　　徐萬年蔡漢卿

革命黨駐武昌南湖第八標總代表徐萬年於八月十九日接到鄧玉麟李春萱傳達命令。卽與同志蔡漢卿孟華臣王鶴年守候發難。是晚八時遙見塘角輜重營火起。漢卿立呼嘯而起。遂偕華臣鶴年劉天元陳大寅閔少斌金明山史定邦謝荻南鄒國勳丁敬敬范鴻江等數十人拖礮實彈。向未發動之各營開礮。時各營有響應來歸者。有開拔他移者。漢卿萬年玉麟春萱等於是率隊三百餘人礮十二尊。與熊秉坤金兆龍李鵬昇各隊會合。由中和門進至楚望台。各將礮位向總督署放列。

武昌革命軍總指揮　　湖北武昌　　吳兆麟熊秉坤蔡濟民

八月十九晚第八營工程隊熊秉坤金兆龍等。混成協輜重隊李鵬昇等。南湖第八標礮隊徐萬年蔡漢卿等。各率隊齊集楚望台。時第三十標同志方維謝湧泉馬明熙等。二十九標同志蔡濟民等。陸軍測繪學堂李翊東方興向訏謨王經武甘績熙等。各率一部先後來會。人數漸衆。聲勢大振。衆以各人資格較淺。舉推老日知會員左隊隊官吳兆麟爲臨時總指揮官。兆麟旣就職。遂令蔡濟民伍正林鄺漢卿熊秉坤黃楚楠馬明熙徐達明姚金鏞陳國楨曹飛龍方興李鵬昇徐少斌闕龍岳少武李宗義蔡漢卿諸人各率隊分路進攻督署藩署及保安門城樓。衝突多次。久未得手。蔡濟民蔡漢卿乃主張用火攻。由周定原黃楚楠楊金龍等分三路放火。熊秉坤伍正林復挑選敢死隊向保安門衝鋒。時火勢燃及督署大堂。鄂督瑞澂提督張彪知無可爲。乃由督署西偏穴牆逃出。登楚瑞軍艦。是役革命軍陣亡者有紀鴻鈞等十餘人。受傷者闕龍等二十餘人。於是全城大定。奠定中華民國基礎之第一幕。

漢口混成協部隊　湖北漢口　林翼支宋錫全胡玉珍

八月二十日晨。駐漢口漢陽之混成協部隊第四十二標同志林翼支宋錫全胡玉珍周拓疆等得武昌革命軍勝利訊。亦卽舉兵反正。不血刃而佔領之。於是武漢三鎭大定。

湖北革命軍政府　湖北武昌　黎元洪蔡濟民李翊東

革命軍佔領武昌後。衆以蔣翊武劉公孫武諸首領均不在城。諸事乏人主持。因協統黎元洪頗得士心。吳兆麟等乃迎至楚望台。欲推戴爲軍政府都督。元洪力辭。二十日午衆擁元洪至諮議局。仍中前請。元洪仍弗允。蔡濟民高尙志陳磊張振武李翊東等十餘人力與爭辯。請元洪暫維現狀。元洪執不可。翊東乃威之以鎗。元洪始唯唯。但仍不肯署名於公文。僅由翊東代書一黎字於安民布告後。轉瞬黎都督之安民布告已遍貼全城。元洪亦無可如何。衆見元洪態度如此。濟民乃提議組織謀略處。以爲處理急要機關。當推蔡濟民吳醒漢張廷輔高尙志徐達民王憲章王文錦陳鴻誥謝石欽十五人分任各職。下設祕書參議兩廳。以張景良爲參謀長。楊開甲吳兆麟副之。馮禹弼長文書。向訏謨長會計。方定國爲司令官。並推李翊東爲敍賞長司賞罰。張振武副之。二十一日卽用黎元洪名義通電全國。幷照會駐漢口各國領事。以上爲鄂軍政府最初期之佈置。其後數經變化。另有專載。可不贅述。

天門鄂軍副都督　湖北天門　劉英劉鐵

同盟會員劉英劉鐵早由日本歸國。擔任鄂省襄河一帶革命運動。英曾被推爲革命軍副都督。及聞八月十九日武昌發難。卽在豐樂河起義。號召京潛天沔各屬所部數千人進據天門。號稱鄂軍副都督。後以鄂局漸定。乃將所部交劉鐵宋鎮東等遵令改編。

荊宜革命軍總司令　湖北荊州　唐犧支

駐荊州宜昌軍隊原爲黎元洪所部第四十一標之一部。其司務長爲文學社員唐犧支。早與革命黨聯絡。及聞八月十九武昌反正。唐乃率衆響應。卽圍攻荊州。淸將軍聯魁及各官吏全部投降。唐號稱荊宜總司令官。後改編爲第七鎭。

長沙革命黨總機關　湖南長沙　曾杰焦達峯鄒永成

辛亥三月廿九廣州一役失敗後。焦達峯楊任劉文錦劉承烈等在漢口與孫武等決議繼續進行。先後返湘。以曾傑所辦之文明繡業女學堂爲總機關。定分三路發動。西路楊炎王公炎。南路焦達峯。中路鄒永成謝介僧。幷設立分機關多處。派定各同志負責聯絡各方面起義事宜。述列如次。

賈公祠體育學堂　袁劍非袁大錫文斐文經緯易宗義吳作霖成邦傑等

優級師範學堂　伍任鈞等

實業學堂　周岐唐鎔等

明德學堂	楊毅等	
高等學堂	李隆建李正鍔劉觀海等	
中路師範學堂	劉謙等	
邵陽中學	賀宣午等	
陸軍小學	王大楨陳圖南黃承笏劉敦棨潘培敏等	
警察局	汪性恂等	
長沙作民譯社	湖南長沙	焦達峯鄒永成安定超

是歲七月間四川鐵路風潮益加擴大。鄂湘兩省軍界有一觸即動之勢。焦達峯鄒永成時約軍界同志安定超曾楚章吳瑞卿彭友勝丁惠黎楊玉生丁炳堯鄧超劉安邦熊光岳湯致中譚心休謝楚生等。日在府東街作民譯社計劃加緊發難方法。及八月十九日武昌反正。湘撫余誠格知新軍勢呈搖動。遂與巡防營統領黃忠浩商調各縣防軍來省彈壓。湘紳龍璋數勸忠浩乘時反正。忠浩弗從。二十七日達峯召集軍政學各界同志安定超等百數十人於賈公祠體育學堂。決定於三十

日晚舉兵。由礮兵營李金山舉火爲號。屆時金山因戒備森嚴。未能舉火。故改期初一日。

湖南革命軍政府　湖南長沙　焦達峯陳作新安定超

九月初一日晨安定超臨時約集同志劉光瑩等。決由四十九標立時發動。即放信礮動員。各營聞聲紛紛齊集。定超及彭友勝李金山等遂各率所部分佔軍裝局諮議局等機關。隨由焦達峯陳作新等領導合攻撫署。巡撫余誠格已逃。統領黃忠浩伏誅。長沙大定。翌日各界集諮議局。公推達峯爲都督。陳作新副之。未幾漢陽失守。鄂省乞援之電數至。達峯乃派王隆中率起義部隊先後赴援。君憲黨以城內空虛。遂於初十日煽惑黃忠浩舊部爲亂。達峯作新相繼被害。舊諮議局長譚延闓繼任都督。

陝西復漢軍大統領　陝西西安　李仲特張鳳翽錢鼎

陝西革命運動向由同盟會員李仲特井勿幕景定成等主持。軍隊締盟者頗衆。是歲八月間已紛傳革命黨將大殺滿人之說。淸巡撫錢能訓及將軍文瑞已分給鎗械於旗滿人。加意防備。及九月十九日武昌警報至。文瑞迭逮捕軍界有嫌疑者數百人。人心洶洶。第一標第三隊將校同志錢鼎遂傳告各營同志。謂非從速舉義。無以自存。僉定九月一日爲期。屆時各同志大會於森林間。卽以第一隊長張鳳翽率所部佔軍械局。第三隊隊長張鈺謙佔城門。錢鼎率陸軍中學堂學生佔布政使銀庫及重要局所。文瑞率旗人力戰敗退。投井死。各界人士及同盟會員乃在軍械局開會。公推鳳翽爲全陝復漢軍大統領。錢鼎副之。後倣各省例改稱都督副都督。

廣州成記暗殺機關　　廣州倉前街　　李沛基梁綺神周之貞

辛亥三月廿九事敗後。黃克強得美洲籌餉局接濟港幣一萬元。專用爲轟炸駐粤滿清大員之用。卽派李應生周之貞等主其事。李周等遂與支那暗殺團員梁綺朱述堂等合作。至是歲八月聞清將軍鳳山將蒞粤。遂由綺神賃一店於南關倉前街。榜其名曰成記號。預製大炸彈三具備用。以應生之弟沛基司之。九月初四晨朱述堂探悉鳳山已到天字碼頭。急馳往報信。未幾鳳山率衞隊過店前。沛基卽自樓上扳冰機。將炸彈擲下。鳳立斃。卽死衞隊多人。同志皆無恙。

太原革命軍政府　　山西太原　　閻錫山姚維藩温壽泉

晉省革命運動。早年已由留東晉籍學生景定成温壽泉榮福桐谷思愼景耀月趙戴文閻錫山何澄王陰藩榮炳李鳴鳳王用賓劉盟訓諸人。歸國後分途向各方面進行。是歲武昌反正消息傳至。清巡撫陸鍾崎擬派兵出守潼關。新軍參謀姚維藩對閻錫山温壽泉各將領主張乘時反正。衆然之。遂定期是月八日舉兵派定進攻撫署及旗城等任務。黎明維藩等率新軍攻入撫署。鎗斃鍾崎及其子光熙協統譚振德管帶熊國斌等。衆開會推錫山爲都督。壽泉爲副都督。

九江革命軍政府　江西九江　丁人傑馬毓寶徐世法

鄂軍起義後。長江震動。南京原派五十三標標統馬毓寶在九江駐防。惟馬部兵士早受湖北革命機關代表丁人傑之運動。九月初二日羣起要求毓寶反正。毓寶從之。即日通電附義。稱九江都督。翌日湖口武當各礮臺臺官徐世法亦舉義旗反正。因之由武昌東退之各清艦進退失據。不得不降。

九江海關署機關　江西九江　林森黃鍾英

武漢既反正。駐鄂清海軍海容海琛海籌江貞湖鷹湖鶚各艦遂東駛至九江停泊。時林森在九江海關署供職。以海軍兵士多閩籍同鄉。遂密與聯絡使之反正。即以九江海關署爲接洽機關。各艦

長黃鍾英劉冠雄等咸表同情。於是月二十六日易幟附義、

江西革命軍政府　江西南昌　馬毓寶吳介璋彭程萬

九江光復後數日。駐南昌新軍亦於是月初九日宣佈反正。推十七協協統吳介璋爲都督。贛撫馮汝騤自殺。至二十二日彭程萬突稱奉海外孫黃命接任都督。介璋因之力辭。各界遂舉程萬代之。未幾。程萬亦辭。各界乃舉潯軍都督馬毓寶承之。毓寶延，至十月十九日始抵南昌就職。

滇西革命軍都督　雲南騰越　張文光陳雲龍

同盟會員張文光早年與楊振鴻謀在滇西騰越永安等處舉義不成。及聞武昌革命軍起。遂由緬甸潛歸騰越。召集會員於寶峯山之寶峯寺。糾合駐騰陸軍第七十六標第三營及西防防軍第四五兩營。剋期九月六日舉兵。是日午後七時發動。文光首擊殺第四營管帶曹福祥。第三營排長陳雲龍亦斃其管帶張桐。合兵入城。圍攻鎮署及軍械局。清總兵張嘉鈺拒戰不支。吞金自殺。衆開會舉文光爲滇西都督。其起義實早於昆明三日。旋派兵收復永昌永平龍陵永康順甯緬甯雲州雲龍等十餘府縣。聲勢大振。雲南軍政府成立後。任文光爲協都督兼大理提督。後文光以爲宵小所

忌。遂於民二年五月自請解職。赴日留學。卽返騰省親。復爲仇者殺害於城南浴池中。

雲南革命軍政府　雲南昆明　蔡鍔李根源羅佩金

是歲六七月蜀路風潮起。滇中軍界早受同盟會策動。躍然欲試。嗣先後聞武昌及騰越舉義。陸軍各將領日在羅佩金唐繼堯等私宅開會。定議重陽日分兩路發難。一路由陸軍第三十七協統領蔡鍔率羅佩金唐繼堯劉存厚雷飈韓建鐸謝汝翼庾恩賜劉雲峯李鳳樓等各部進攻總督署及各局所。一路由雲南講武堂總辦李根源率李鴻祥劉祖武張開儒等各部進攻軍械局及各衙署。約定是夜三時發難。屆時各路火起。李部首攻軍械局。苦戰數時陷之。淸統制鍾麟同負傷逃。佩金率衆圍攻督署。至初十日午後一時始破。滇督李經羲逃。鍔根源等遂設大漢軍政府於兩級師範學堂。衆開會推鍔爲正統領。根源爲副統領。又以經羲治績圓通。特許其挈金離滇。後數日復改推鍔爲都督。

資州卅一標反正　四川資州　陳鎭藩楊琥林黃以霖

是歲六月淸廷派端方率湖北陸軍第卅一標赴川平定鐵路風潮。該標兵士多隸革命黨籍。七月廿九日到達四川資州。及八月十九武昌起義消息傳至。端方諱莫如深。自改漢人「陶」姓。以期免禍。終爲各營所悉。第一營管帶陳鎭藩卽於九月十二日約集同志楊毓林趙振民李紹白胡浩然黃以霖陳國幹等二十餘人舉兵反正。獲端方及其弟錦於天上宮廟前而手刃之。衆開會舉陳鎭藩爲總代表。黃以霖爲第一營代表。楊毓林爲第三營代表。卽開拔回鄂參加北伐。十一月六日返抵武昌。

湖北戰時總司令官　湖北漢陽　黃興李書城

鄂軍政府成立後。八月廿五日黎元洪親出誓師。以何錫蕃爲臨時總指揮。率兵渡江。迎清軍於劉家廟。一戰勝之。相持三日。九月初一日清軍以軍艦測擊。我軍失利。錫蕃受傷離職。元洪乃改派張景良爲總指揮。數戰敗退。孟華臣徐少斌等陣亡。旋發覺景良有漢奸嫌疑。漢口軍政分府詹大悲奉令殺之以懲。元洪復先後改派姜明經林翼支爲總指揮。均不得力。我軍退至劉家花園與六渡橋一帶。死傷纍纍。初七日黃興自上海來。軍心爲之振奮。元洪徇衆意。乃於十三日特設將臺於軍政府前。拜興爲戰時總司令官。親授以印。興卽設總司令部於漢陽城北之伯牙臺。以李書城王孝續吳兆麟楊璽章吳醒漢高尚志胡祖舜等分任各職。是月二十七日夜大舉進攻漢口。迭佔水電廠及玉帶門一帶。敵將馮國璋登車欲逃。天明敵援大集。湘軍甘興典部多新兵。不支潰退。全軍受其影響。亦退。渡河時傷亡頗衆。十月初四日清軍以強大兵力強渡漢水。黃總司令遂日親臨前線。我軍敢死隊長金兆龍受傷。各山陣地相繼不守。是夜黃總司令選派敢死隊百餘人冒險搶奪磨子山敵營。縱火焚之。各軍亦續佔扁擔山。旋以湘軍統領劉玉堂中礮陣亡。我軍孫宏斌甘績熙諸將各負創傷。磨子扁擔兩山得而復失。初六日十里舖陣地迭受敵軍礮擊。因而不守。翌日初七日漢陽遂告淪陷。黃總司令於敗後退至武昌。軍政府卽召開軍事會議。延黃報告漢陽戰役經過。黃報告既畢。自願親往上海攻取南京。以爲鄂軍聲援。遂於當晚偕李書城搭江輪赴滬。衆推蔣翊武繼任總司令。

順德樂從墟革命軍　廣東順德　朱執信陸領陸常

湖北義師既起。粵省號稱革命策源地。遲遲未能響應。大爲各省同志所不滿。時胡漢民任南方支部長。朱執信胡毅生佐之。執信等專注重附城之南番順等縣綠林會黨方面。是月初旬順德黨首陸領陸常等在該縣樂從墟起義。粵督張鳴岐派鄉紳江孔殷率防軍攻之。黨軍敗退潰散。

惠州博羅歸善革命軍　　廣東惠州　　陳炯明王和順

武漢起義後。粵省同盟會員多恥落人後。紛紛赴省城外各縣活動。陳炯明王和順二人各謀在惠州大舉。一稱明軍。一稱順軍。是月十一日分途在歸善博羅二縣起義。清提督秦秉直率兵拒之。與兩軍大戰於城外之飛鵝嶺。清兵敗績。旋於十五六等日獻城出降。

上海革命軍敢死隊　　江蘇上海　　張承檑劉福標田鑫山

九月十三日上海光復之前。先有革命軍敢死隊之組織。隊長爲中國公學學生湖北人張承檑。初在北火車站旁一張義興裁縫店樓上組織一招兵機關。由其友田鑫山劉福標孫紹武王老九等代招幫友千餘人往武昌投效。將行往告其師于右任於民立報。于介紹陳其美相識。謂既有多人。卽可在滬舉事。何必往鄂。由是逐日在民立報或馬霍路陳宅。與其美楊譜笙高爾登沈縵雲葉惠鈞等協商進行。十三日率領敢死隊進攻江南製造局。而最先受傷者卽承檑鑫山福標等。此外尙有河南留日學生劉基炎張國威潘印佛李愍田璧臣等亦加入敢死隊。

上海革命軍政府

江蘇上海　陳其美高爾登張承槱

九月十三日陳其美召集各有關同志在上海斜橋某園開最後會議。決定是日下午四時全體在九畝地集合後。即向高昌廟江南製造局進攻。由高爾登任總指揮。屆時會於九畝地者數千人。其美爾登楊譜笙張承槱劉基炎張國威李平書吳懷九沈縵雲徐寄塵葉惠鈞俱在。軍械及服裝整齊者只有商團數百人。承槱所領敢死隊及學生等最先前進。惟人衆械少。僅憑一鼓勇氣而已。敢死隊首向製造局鐵門衝鋒。投擲炸彈十餘枚。防軍機鎗齊發。黨軍仆地五十餘人。承槱劉福標田鑫山均負傷。敢死隊以無後援。乃向上海城內撤退。時城內清吏已逃走一空。毫無抵抗。黨軍遂在警察學堂設置司令部。并宣布上海縣城光復。即由民立報遍發號外。租界各店戶均懸旗慶祝。先是其美於黨軍前進時。已偕巨紳李平書從間道徒手入謁製造局總辦張楚寶。勸其歸降。楚寶不聽。令所部用鐵索鎖其美於柱上。至半夜。黨軍李燮和張承槱陳漢欽張國威等各路復聯合進攻製造局。聲勢更盛。有廣東機器工人一隊與局內工人裏應外合。尤爲得力。楚寶聞上海城已失守。知大勢已去。遂亦逃入租界自保。至十七日。各界在小東門內海防廳開會討論組織政府事宜。責郛提議舉其美爲滬軍都督。衆多贊成。卽日成立上海軍政府。

吳淞光復軍政府　江蘇吳淞　李燮和黎天才

湘人李燮和於辛亥廣州三月廿九一役敗後。卽奉黃克強命至滬運動革命。嗣鄂軍舉義。遂聯絡駐淞滬粵軍濟字營黎天才部相機反正。九月十三日陳其美先入江南製造局。勸總辦張楚寶投降。爲楚寶鎖禁一夜。燮和乃介防營管帶陳漢欽馳援。與敢死隊同出其美於險。事後燮和以受防軍一部擁戴。欲得滬軍都督一席。而紳商界多屬意其美。黃宗仰力勸燮和勿爭。并任代向猶太人哈同募捐所部餉糈。燮和乃號召黎天才一軍在吳淞組織軍政府。亦稱都督。號光復軍。旋派天才率所部參加會攻南京之役。

香山前山反正軍　廣東香山　劉思復何振任鶴年

粵省香山縣前山地與澳門隣接。是歲粵督張鳴岐因葡人侵佔界地事件。特調新軍一團在此駐紮。該團將士在庚戌（民前二年）正月倪映典領導反正時。多與同盟會發生關係。及武昌革命軍興。同盟會員劉思復莫紀彭林君復鄭岸父等遂在澳門組織機關。策動該軍反正。該軍官長何振任鶴年陳可珏等毅然應之。遂於九月十七日宣告獨立。號稱香軍。即旋師向省城進發。全軍未抵石龍。而粵督張鳴岐已出走省城不流血而大定矣。

貴陽革命軍政府　　貴州貴陽　　張百麟黃澤霖楊藎誠

黔省革命運動。早由自治黨諸首領張百麟鍾昌祚黃澤霖等計畫成熟。以屢遭君憲派任可澄劉顯世等之破壞。未能如期進行。是年鄂軍起義訊至。九月十日張百麟約軍政學各界同志在自宅開會。決定十五日大舉事。爲任可澄偵悉。遽向黔撫沈瑜慶告密。瑜慶乃召劉顯世胡景棠郭重光等。各率所部欲盡捕自治黨人而殲之。百麟澤霖等聞訊。即通告各同志提前十三日發難。是日夜九時陸軍學堂學生率先發難。夜半新軍司務長楊樹青首發鎗擊標統袁義保於本營。義保及衞兵駭逃。隊官趙德全葉占標等遂率全標反正。十四日衆舉教練官楊藎城爲正司令。趙德全副之。黎明整隊入城。澤霖亦自城內率法政警察各校學生開城門迎之。沈瑜慶令撫署衞隊反抗。無應之者。知大勢已去。乃派勸業道王玉麟赴諮議局議降。大局既定。自治會遂領導各界推舉藎誠爲都督。德全爲副都督。藎誠不久領軍北伐。德全代其職。

江蘇革命軍政府

江蘇蘇州　程德全劉之潔

上海光復後。駐蘇軍清軍標營躍躍欲動。九月十四夜滬軍都督府派民軍五十餘人專車赴蘇。先赴楓林橋新軍營伍宣告反正宗旨。軍官劉之潔等均表同情。遂於翌日十五日晨全軍陸續進城。請見蘇撫程德全要求宣告獨立。德全從之。即日成立江蘇軍政府。由各界推德全爲都督。下設四部。一民政部部長張謇。一財政部部長應德閎。一交涉部部長伍廷芳。一司法部部長鄭言。

浙江革命軍政府

湯壽潛朱瑞夏超

浙江軍隊早與革命黨人陳其美龔寶銓陶成章等發生關係。武昌起義後。其美嘗親至杭州策動。以浙撫增韞戒備嚴密。一時不易進行。九月十三日諮議局副議長沈鈞儒謁韞。請將滿人編入漢籍。以免戰爭。韞拒之。翌日紳商各界羣請韞宣告獨立。仍不允。時黨人余煒夏超朱瑞陶成章龔寶銓蔣介石葛敬恩姚勇忱周承菼葉頌清童保暄馮熾中諸人均齊集杭城。日與駐軍將士在吳山湖干諸地會議發難。已臻成熟。遂於是晚二時由城南北之新軍同時舉事。先以炸彈焚燬撫署頭二門而佔領之。次據軍械局。擒獲增韞。釋之。將軍福濟出降。衆乃戮其協佐領貴林存炳哈楚章畫海四人。以爲反抗者戒。旗人悉編入民籍。各界開會舉浙路總理湯壽潛爲都督。

石家莊吳祿貞司令部　直隸石家莊　吳祿貞張世膺

淸廷聞山西反正訊。卽派陸軍第六鎭統制吳祿貞爲晉撫。率兵收復。祿貞素具革命思想。早年與唐才常秦力山等關係密切。至是乃駐兵石家莊。與第二十鎭統制張紹曾相約。以第六鎭與第二十鎭。一由石家莊。一由灤州。上火車。假淸君側爲名。光復北京。其司令部卽設於正太鐵路車站。淸貝勒載濤探悉其計畫。特派奸徒馬蕙田周符麟等赴石家莊伺機行刺。九月十六日夜。祿貞正俟閻錫山所派代表景定成仇亮姚太素等由娘子關來會。忽有刺客多人衝門入室。衆鎗齊發。祿貞及其部屬張世膺周維楨等咸殉之。祿貞一死。實令黨人之中央革命計畫盡成泡影。於日後中華民國前途之安危。關係絕鉅。

廣西右江國民軍司令部　廣西柳州　柯漢賓胡岱銘

桂省同盟會員柯漢賓奉香港南方支部命回桂運動起義。是歲九月初六日歸抵柳州。卽在城內華熙客棧內設立機關。召集同志王冠三劉震寰錢權胡岱銘諸人。初定議由柳州桂林南甯三處同時大舉。後以道不及待。決就近在柳州先行發難。岱銘原任水師管帶兼巡防營管帶。即以所部舉旗反正。漢貧權震寰冠三等各率民軍響應。一舉而佔柳州城。清右江鎮陳仲賓兵備道沈炳炎等同時納降。解職離境。衆乃組織廣西右江國民軍司令部。通電桂林南甯等處長官促令參加義舉。并派員請劉古香到柳主持。

鎮江革命軍政府　江蘇鎮江　林述慶許崇灝柏文蔚

鎮江原駐有清軍兩團。在武昌起義前已由中部同盟會宋教仁派代表歐陽振聲蒞鎮。與該團官長同志林述慶許崇灝柏文蔚等聯絡成熟。及上海光復。述慶等即於九月中旬號召全軍反正。即成立鎮江軍政府。衆舉述慶爲都督。述慶旋率所部會攻南京。世稱鎮軍。

廣西革命軍政府　廣西南甯　沈秉堃陸榮廷譚浩明

桂省民黨劉古香王獅靈周毅軍柯漢貧劉震寰諸人於武昌首義後。各就地方舉義。巡撫沈秉堃知大勢已去。於九月十六日與布政使王芝祥諮議局議長秦步衢議決宣告獨立。士紳欣然。公推秉堃爲都督。王芝祥陸榮廷爲副都督。二十日夜陸榮廷忽以防營暴動。先刼藩庫。次佔諮議局及電報局。秉堃於是萌退意。藉口北伐離桂。榮廷繼任都督。至十月初九日。榮廷以各地民軍勢盛。許其編入北伐軍及接濟餉糈。不久榮廷赴桂林。譚浩明攝其事。卽取消原議。各路民軍大憤。推周毅軍入謁浩明。重伸榮廷所允前約。浩明乃令所部黃大培商聚金等將毅軍殺害以示威。且陸續以武力消滅各路民軍。厲行專制。自是桂省軍政大權全入榮廷系手。

廣東革命軍政府　廣東廣州　胡漢民陳炯明

是歲八九月間粵省各路民軍紛紛起事。以策應鄂軍義舉。清提督李準自被林冠慈炸傷後。漸有輸誠革命黨之意。及武昌事起。益知清運告終。遂於九月初旬密託香港議政局員韋玉向民黨表示好感。同盟會南方支部長胡漢民乃親函致準。許以保全生命財產名譽。準得書。遂允先獻虎門要塞爲信。並云已令省河各兵艦定期十九晨反正。是時紳商各界適於十八日集議文瀾書院。舉請粵督張鳴岐宣佈獨立。擬翌日推鳴岐爲都督。龍濟光爲副都督。鳴岐初尚猶疑。嗣得準濟光二人電話。均贊成反正。知事無可爲。卽於當晚走香港。十九日各界再開會舉胡漢民爲都督。未到任前。以陸軍協統蔣尊簋暫代。二十日漢民偕港商李煜堂等十餘人由港抵粵就都督職。粵局遂定。

江浙聯軍總司令　　江蘇南京　　徐紹楨

清江督張人駿自鄂軍起義。即慮駐寧新軍第九鎮乘時反正。特飭張勳及趙會鵬率各防營嚴密防範。并令統制徐紹楨移所部於秣陵關。張勳復派人行刺紹楨於軍營。紹楨大憤。乃於九月十七日宣告獨立。十九日晨率所部進駐雨花臺。為張勳騎兵所阻。不得進。乃退據高資龍潭一帶。張勳聞有內應。閉城搜獲可疑軍民不下千人。盡戮之。黃興宋教仁等乃號召上海吳淞蘇州鎮江浙江各路軍隊合攻南京。共推紹楨為江浙聯軍總司令。十月初四日以後。聯軍連續佔領烏龍山幕府山獅子山孝陵衛雨花臺北極閣清涼山浦口各陣地。十二日清將曹榮華胡令宣等出降。人駿及將軍鐵良走匿日本領事署。乘日艦逃脫。勳率殘部二千人走徐州。南京遂定。衆請江蘇都督程德全移駐南京。

福建革命軍政府　　福建福州　　孫道仁彭壽松許崇智

閩省革命運動。早由東京同盟會先後派鄭祖蔭林斯琛李恢等回國設法進行。是歲湖北舉義後。湘人彭壽松以素與福建第十鎮新軍內哥老會員有密切關係。特由長江回閩組織軍警特別同盟會。策動反正。成效大著。清將軍樸壽對新軍久懷疑忌。至是更遍發槍枝於所有旗民。幷派捷勝營堅守各城門。如臨大敵。壽松乃約請鎮統孫道仁於江上舟中逼其反正。道仁從之。九月十八夜四時新軍推第二十協協統許崇智爲總指揮入城圍攻旗界以學生三十人爲炸彈隊。充前導。同時在于山架礮向旗界射擊。旗兵死傷無算。清總督松督遂於十九日吞金自盡。旗兵仍頑強抵抗。二十日午後民軍派炸彈隊攻入將軍署。擒將軍樸壽而殺之。都統勝恩亦降。被俘旗兵概遣送回籍。同盟會與各界同舉道仁爲都督。軍政府下設參事十人。以壽松任參事會長。祖蔭斯琛恢黃光弼劉通王孝縝陳景松陳承澤等任參事。參事會後改稱政院務。

新加坡閩粵保安籌餉局　英屬馬來亞　羅卓甫陳嘉庚沈聯芳

鄂軍起義後。閩粵二省先後響應。旅新加坡閩粵僑商各界乃發起籌助本省軍餉。名之曰籌辦某省救濟保安捐。粵僑假中華總商會爲辦事所。舉羅卓甫爲總理。廖正興副之。閩僑以天福宮畫一軒爲辦事所。舉陳嘉庚爲總理。陳順善副之。雙方幹事爲沈聯芳陳楚楠張永福陳武烈陳新政潘兆鵬趙克庵陳先進留鴻石沈子琴劉匕輝張順善洪福彰黃甫田等百數十人。各募得義捐二十餘萬元電匯本省革命政府。

汕頭南路光復軍　　廣東潮州　　許雪秋陳宏生陳湧波

丁未四月潮州黃岡起義一役之敗將許雪秋陳宏生余丑陳湧波等避往南洋多年。是歲聞武昌起義。即於九月初旬返香港。時陳炯明鄧鏗林淑眞等方有事於惠州。許等遂撥款二萬元助之。旋結伴回汕頭。即號召舊部起事。稱廣東南路光復軍。先後光復汕頭饒平潮安惠來大埔諸縣。設司令部於汕頭舊道署。幷倡議組織北伐隊參加北伐。民元後正積極編練。降將清總兵吳祥達挾丁未汕尾舊恨。突於民元三月二十六日。以降卒圍攻舊道署。擒雪秋宏生湧波等殺之。事後電告都督陳炯明。誣以縱兵殃民罪名。炯明竟置不問。潮人莫不寃之。

美國華僑革命飛機隊　　美國舊金山　　馮自由李綺庵威爾霍斯

武昌起義後半月。馮自由梅培二人向舊金山洪門籌餉局提議撥款由美國購買飛機。組織華僑革命飛機隊回國參加革命。即由籌餉局委託梅培在芝城辦理購機及延聘機師事務。先後購得寇締司式機六架。幷聘定美人修機師威爾霍士與同志助手李綺菴余夔二人。於十一月下旬攜機抵滬。時南京政府成立未久。卽由孫大總統令撥南京後湖空地爲飛機場。民元二月中旬飛機第一次試飛。因所聘同志飛行家譚根在美候領萬國飛行執照。尙未歸國。乃由朱卓文駕駛試飛。僅飛高數丈。卽降落損壞。事後上海各報均載有飛行家馮某駕機騰空五千餘尺。北京各報亦載此電。袁世凱卽據以爲威嚇清帝后退位之資料。其後飛機隊以缺乏駕駛員始終未能參加作戰。威爾霍斯於南北統一後返美。

長江海軍各艦敢死隊　江蘇鎮江　陳復劉樾

停泊長江上游海軍各艦於上海光復後，因各艦官長多首鼠兩端。延未反正。有鏡清軍艦幫帶同盟會員粵人陳復特聯絡各艦學生劉樾劉勳名楊砥中常光球等三十餘人組織敢死隊。突然於九月二十一日夜起事。強逼官長反正。各艦同時響應。願爲民國効力。於是一律開往鎮江。歸於鎮軍都督林述慶治下。計該艦隊爲鏡清保民楚觀江元江亨建威通濟楚同楚泰飛鷹楚濂虎威江平及張字號魚雷艇共十四艘。民軍得此生力軍。聲勢益振。

安徽革命軍政府　安徽安慶　吳春陽李烈鈞孫毓筠

皖省革命黨人於武昌起義後。即謀在各地發難。阜陽程稱周壽縣張匯滔先後起兵。同盟會員吳春陽等亦聯絡安慶新軍六十一標反正。將次得手。事爲清標統胡永奎偵知。乃於九月初五日預將新軍所用子彈全數收回。初九夜新軍相約舉事。以缺乏子彈。爲永奎所制。不得前進。是標旋被皖督朱家寶解散。諮議局以大義責之。家寶乃允宣告獨立。改稱軍政府都督。十九日有王天培者。自稱爲黎元洪委派之都督。向家寶索取印信。皖垣秩序一亂。二十一日潯軍政府參謀長李烈鈞派黃煥章爲總司令官來皖。二十四日所部以索餉不得。遂焚燬都督府。奪軍械局。刼庫款。家寶聞警縋城逸。是夜潯軍復大掠城中紳富及商店。蹂躪一空。吳春陽乃向煥章責問。煥章慘殺之。未幾烈鈞復率軍至。勦除亂兵。士民因請烈鈞暫攝都督。十月八日烈鈞去皖。各界乃公舉孫毓筠爲都督。時大通軍政分府黎宗嶽覬覦都督一席。遂於毓筠過大通時刼之以兵。毓筠退蕪湖。各界乃派員向宗嶽調解。各省都督亦有去電責備者。宗嶽始不敢逞。十一月二日毓筠抵皖。以師範學堂爲都督府。初三日就職。皖局至是粗定。

京津同盟會　直隸天津　黃復生彭家珍趙鐵橋

清政府因鄂省反正。遂於九月初旬大開黨禁。釋汪兆銘黃復生羅世勛於獄。復生被釋後。即赴天津。與同志彭家珍李石曾張煊趙鐵橋杜黃裳陳憲民黃子賓羅偉章譚熙鴻等二十餘人組織京津同盟會。以爲中央革命之樞紐。并賃俄租界一洋房爲機關。衆推復生家珍鐵橋偉章等往滬聯絡南方黨人。請求接濟。復生等遂留滬製造各種爆裂品。以供軍用。家珍更被推爲北方暗殺部部長。擔任由秦皇島密運軍械炸彈入京相機進行。

天津民意日報　直隸天津　趙鐵橋張煊甄亮甫

此爲京津同盟會所發刊之言論機關。社址設於天津法租界。以鼓吹實行中央革命爲宗旨。主持者有李石曾趙鐵橋張煊羅世勛甄亮甫諸人。民國元年尚繼續出版。

北方共和會　直隸天津　凌鉞白雅雨王葆珍

湖北義師既起。京津一帶同盟會員凌鉞白逾桓白雅雨王法勤王葆真張良坤董震凌亮何英于樹德熊飛張星華崔劍華黃瑾汪雲馮某女士等數十人開秘密會議。決定應從北方各省推動中央革命等計畫。即時組織北方共和會以資號召。設機關於天津法租界梨棧生昌酒店樓上。另在日租界榮華里租一屋爲同志初步接洽之所。又於俄租界大王廟租房三間。由凌亮偕各女會員在內製造炸彈。製成後。則藏貯於法租界生昌木器行朱竹君家備用。籌備既竣。乃由王葆眞運動陸軍第二十鎭統制張紹曾反正。紹曾因此允與吳祿貞合作。剋日各率所部直搗北京。詎祿貞甫到石家莊。即被淸廷派奸徒暗殺。紹曾聞之大懼。竟棄第六鎭而匿居天津日租界。衆以此舉雖已失敗。第六鎭內多同志。事仍可爲。乃再組織北伐炸彈敢死隊。推凌鉞爲隊長。使往灤州策動同志將領乘時反正。各隊員皆化裝步行前進。此九月二十五日事也。

灤州革命軍政府　直隸灤州　王金銘施從雲凌鉞

十月初二日夜。北方共和會所派敢死隊長凌鉞及隊員行抵灤州。即往北門外師範學堂第二十鎭第一營第二營駐所求見營長王金銘施從雲。將預製北軍大都督王金銘副都督張建功北軍總司令施從雲印信遞呈。并說明推舉理由。王施欣然接受。初三日即開軍事會議宣布獨立。成立軍政府。同時派員赴開平邀請淮軍統領王懷慶到灤會商要公。十二日懷慶抵灤。凌鉞請王都督將其軟禁。并乘該軍不備。立即進兵佔據開平。王都督謂同是漢人。決可參加義舉。是晚王施等在火柴公司與懷慶談判多時。懷慶陽奉陰違。天明乘間逃走。追之不及。王施等遂於十五日督全軍向天津出發。距離城未久。而奉命留守之副都督張建功即已據城叛變。王施等聞變。不爲少動。仍揮全軍急進。師次雷莊。而王懷慶已率淮軍及第三鎭曹錕所部一旅嚴陣以待。革命軍猛取攻勢。初獲小勝。至十七夜清軍大集。義師以寡不敵衆。王施及參謀長白雅雨等多人相繼陣亡。凌鉞乃率殘部退守距灤州西北九十里之太平莊。繼以彈竭援絕。不得已解散所部。變裝從間道回抵天津。未幾北方各同志復謀攻襲天津直隸總督署。期前凌鉞忽被清探勾結法租界巡捕拘禁於捕房。乃由白逾桓改任指揮。事未成。死同志二十餘人。旋法國領事甘世東得當地革命黨公函證明凌鉞爲眞正革命黨。乃令捕房將其開釋。

上海各省都督代表聯合會　江蘇上海　陳其美程德全湯壽潛

九月滬蘇浙光復後。陳其美程德全湯壽潛三都督於二十一日倡議各省派遣代表。設立臨時會議機關於上海。商榷組織臨時政府事宜。至二十五日各省代表先後到滬。遂開第一次會議。決定會名爲各省都督府代表聯合會。

漢口各省代表聯合會　　湖北漢口　　譚人鳳馬君武雷奮

九月三十日各省代表會在上海開會。決議承認武昌爲民國中央軍政府。以鄂軍都督執行中央政務。十月三日開會。以湖北都督府曾通電各省。請派全權代表赴武昌組織臨時政府。復決議各省代表均赴武昌開會。適漢陽失守。武昌全城陷於清軍礮線之下。乃假漢口英租界順昌洋行爲各省代表會議所。初十日開第一次會議。推譚人鳳爲議長。十二日決議先規定臨時政府組織大綱。推雷奮馬君武王正廷爲起草員。十三日宣佈組織大綱二十一條。各省代表簽名者爲湖北時象晉胡瑛孫發緒王正廷。湖南譚人鳳鄒代藩。廣西張其煌。江蘇馬君武雷奮陳陶怡。浙江陳毅湯爾和陳時夏黃羣。福建潘祖彝。山東謝鴻燾雷光宇。安徽趙斌王竹懷許冠堯。直隸谷鍾秀。河南黃可權等。及十四日聞南京已光復。遂決議南京爲臨時政府所在地。各省代表於七日內齊集南京。

重慶革命軍政府　　四川重慶　　夏之時張培爵朱之洪

是歲川省發生爭路風潮後。革命黨人遂乘機鼓盪。倡設保路同志會。與民衆合作。嚮應武昌舉義。九月間某軍排長夏之時在重慶近縣率兵兩連起事。與清兵力戰。以衆寡不敵。退入山中。至十月十二日同盟會員張培爵朱之洪楊庶堪石青陽謝持等復在重慶起事。成立蜀軍軍政府。舉培爵爲都督。夏之時爲副都督。前在資州擒殺端方之鄂軍一部。至是亦由廣安州來渝。而合於蜀軍政府。此外尚有清永寧道尹劉朝望獨立於瀘州。巡防統領劉俊卿獨立於萬縣。均向重慶軍政府表示合作。

成都革命軍政府　四川成都　蒲殿俊尹昌衡

成都黨人聞武昌舉義。即極力聯絡軍隊反正。及重慶獨立訊至。風聲愈緊。省中士紳乃請滿將軍玉崑勸諭旗人繳械。歸民軍保護。以免戰事。玉崑從之。遂於十月初十日宣告獨立。推諮議局議長蒲殿俊爲都督。新軍統制朱慶瀾副之。及十八日。先鋒隊三千餘人譁餉。突起戕官刦庫。焚掠市肆。殿俊慶瀾皆避去。陸軍小學總辦尹昌衡急入鳳凰山營。激勵將士。率之入城。以掃除亂兵爲己任。各界羣推昌衡爲都督。羅倫副之。大局由是安定。十一月初三日。昌衡以清前督趙爾豐猶蟠據總督署不退。乃派兵圍攻該署。擒爾豐。殺之於明遠樓側。

東革命軍政府　山東濟南　孫寶琦

魯省革命運動。歷年由同盟會員徐鏡心劉冠三丁維汾謝鴻燾商震陳幹于洪起等多方進行。頗著成效。是歲鄂軍起義。濟南士民聞清廷議向德國借款三百萬以濟軍用。幷以山東全省土地作抵。大憤。遂在諮議局開會議決八條。要求魯撫電向清廷宣言反對商借德款。嗣聞江浙閩粵滇黔等省相繼獨立。乃於九月二十一日召集大會。羣請寶琦贊成共和。寶琦許之。遂舉寶琦爲臨時都督。第五鎮統制賈德懋副之。寶琦旋接清慶王奕劻及袁世凱來電嚴責。因而大恚。繼詗知黨人在軍隊中原乏實力。乃於十月十日電奏請罪。取消獨立名義。世凱更遣張廣建吳炳湘至濟南。以巨資買收第五鎮統制吳鼎元等取消獨立。即以廣建代寶琦爲巡撫。山東仍入舊軍閥掌握。

烟台革命軍政府　山東烟台　王傳炯盧和生胡瑛

山東烟台商埠與青島同爲南北黨人往來之孔道。武昌舉義後。黨人徐鏡心盧和生鄭天楚等遂組織敢死隊。幷聯絡停泊港口之軍艦士兵。突然於九月二十二日圍攻該地文武官署。清吏皆驚走。徐鏡心遂集合各界組織山東軍政府。推舉某艦艦長皖人王傳炯爲臨時都督。盧和生爲交涉使。向各國領事聲明負責保護外僑。嗣十月十日孫寶琦忽宣佈取消山東獨立。清廷且派張廣建代之。烟台大受清軍威脅。傳炯乃向滬軍都督求援。未幾南京政府成立。孫總統循黃陸軍部長所請。任命胡瑛爲山東都督。先派劉基炎率滬軍三千人。杜潛率閩軍三千人。各乘軍艦赴烟台接防。迄南北統一。胡瑛辭都督職。烟台仍入北方惡軍閥手。

東三省保安會　　遼寧奉天　　藍天蔚吳景濂趙爾巽

湖北舉義後。東三省革命黨人欣喜若狂。即密謀以保安會名義推戴奉天總督趙爾巽爲正會長。然後設法使其自動下台。另舉藍天蔚爲關外都督。吳景濂爲奉天民政長。九月二十一日遂用各界名義成立保安會。推爾巽爲正會長。二十六日吉林各界效之。亦舉巡撫陳昭常爲保安會會長。二十七日黑龍江亦成立保安會。以巡撫周樹模爲會長。至是黨人更謀以保安會名義宣布共和。實行第二步計畫。詎事機洩露。竟爲爾巽所破壞。藍吳二人以是不能在東省立足。相繼南下。黨人大憤。乃於十月六日宣布公推天蔚爲關東都督。紛紛赴各地起兵。趙中鵠王憲章起兵海城。顧人宜楊大實起兵復縣。商震郭斗生起兵遼陽。劉雍甯武起兵鳳城。祁耿寰徐景清起兵遼中。孫祥夫馬玉祥起兵鐵嶺。朱霽青段文祥起兵開原昌圖。均以力量單薄。旋起旋仆。僅顧人宜楊大實一路賴有大連上海兩地黨人之接濟。與清軍相持較久。及南京共和政府成立。孫總統復任命藍天蔚爲關東都督。并節制北上海軍。黨人聲勢爲之一振。不久南北宣告統一。遵令解散。東三省又復淪於軍閥鐵蹄之下。

河南革命總司令部

河南開封　張鍾端王庚先王天傑

豫省同盟會員張鍾端楊漢光劉積學王庚先楊源懋劉榮棠諸人於鄂軍舉義後。即聯絡軍學各界及諮議局議員企圖響應。其機關分設於開封北土街和合堂及優級師範學堂中州公學公立法政學堂諮議局等處。陸軍協統應龍翔亦表同情。願率所部反正。清豫撫寶芬聞之大驚。乃詭言決意退休。即挈眷離汴。將以事權交龍翔署理。請龍翔往撫署辦理交代。龍翔信之。及至撫署。竟爲寶芬禁錮。而另派人統領河南陸軍。且向清廷告變。清廷乃派齊耀琳代之。於是黨人計畫全盤失敗。乃不得不變更策略。改由各縣同志召集會黨綠林分途發動。公推張鍾端爲河南革命總司令。王庚先副之。劃分全省爲五路。鍾端與庚先王天傑李幹公張兆發劉榮棠王月波李古民方貞張嘉謀等擔任中路。詎張兆發誤信舊同事巡防營統領柴得貴爲可恃。介紹與鍾端接洽反正條件。

訂期十一月初三日發難。得貴竟向齊耀琳告密。幷領兵突然包圍革命軍總部之師範學堂。捕獲鍾端等二十一人。僅劉榮棠數人踰牆逃脫。就中鍾端等十一人被置極刑。王子傑等十人由當地巨紳保釋。自鍾端等殉義後。豫省黨人之元氣殆呈一蹶不振之象。

河南西路革命軍　河南嵩縣　楊漢光王天縱劉純仁

豫省革命軍劃分五路起事後。擔任西路者爲楊漢光王天縱楊源懋劉純仁等。此路發難最早。而聲勢亦較大。初由俠盜王天縱集合所部由嵩縣進攻洛陽。劉鎮華冉效張仲琴等亦率一部會黨應之。洛陽知府啓綏棄城而逃。清廷以洛陽勢在必爭。乃派趙倜周黼麟統大兵來攻。楊漢光派劉純仁紀宗義往說趙倜納降。竟爲趙所捕殺。天縱等大憤與戰。相持月餘。以衆寡不敵。始棄洛陽而退入陝西邊境。時陝西都督張鳳翽知清軍佔洛陽後將乘勢西進。遂派張鈁領兵出潼關拒之。天縱得陝軍供給。聲勢復振。因與張鈁合兵同拒清軍。趙倜數次進犯潼關。均不得逞。卒爲革命軍掩襲敗退。固守繩洛。不敢西侵。然天縱等亦無力再攻洛陽也。又北路軍原由暴式彬等擔任。其任務在破壞黃河鐵橋。以阻清軍南下。因戒備嚴密無從下手。乃全部渡河而南。併入西路。

河南南路革命軍　河南葉縣　劉積學孫豪趙伯階

豫省南路革命軍係由劉積學焦文齋魏士騤孫豪海廷璧趙伯階等負責進行。設機關於葉縣城北焦文齋宅。初由文齋士騤用辦民團名義。往開封購取洋鎗子彈運回南陽。擬定即以此械在南陽起義。事爲南陽縣令偵悉。預派兵警在葉縣城下截奪而去。積學以所謀失敗。遂赴開封另圖進行。其任務由孫豪處理。豪與廷璧伯階等往來魯郟寶等縣。招聚豪傑。月餘得同志千數百人。遂進攻魯山縣城。縣令派某縣紳多人謁豪等乞降。豪信之。偕縣紳入城。竟爲縣令慘殺。伯階等率衆攻城。而駐南陽總兵謝寶勝已得訊來援。民軍內外受攻。伯階陣亡。南路軍以是全部崩潰。

河南東路革命軍　河南商邱　劉榮棠等

豫省東路革命軍係由劉榮棠等擔任。其進行計畫在聯絡商邱睢州等縣之仁義會。附和者號稱萬數千人。惟均無鎗枝。榮棠乃挑選若干人爲敢死隊。使乘隙突入開封城內縱火爲號。而以大隊自外應之。某日乘天未曉時。有一隊曾衝進開封曹門內。被城兵覺察驅散。城外大隊以所圖不成。亦逐漸散去。此總司令張鍾端等被害前事也。中路軍時聞各路相繼失敗。乃派劉積學赴上海向各省義軍乞援。

華僑革命黨歸國代表　江蘇上海　馮自由吳世榮

湖北起義後一月。海外華僑革命黨聞祖國將組織中央共和統一政府。乃各推代表回國參加組織及選舉事宜。計美洲同盟會及致公堂洪門籌餉局三團體所派遣者爲馮自由。南洋英屬馬來亞各埠同盟會所派遣者爲吳世榮。馮吳二人均於十一月初一二日先後到達上海。同設海外代表辦事處於西華德路萬歲館。幷向滬軍都督府及黄元帥府報到。數日後孫總理抵滬。亦代電通知南京各省代表聯合會。及是月十日各省代表開總統選舉會。馮吳二人屆時赴會。以代表會尚未制定華僑代表選舉權條例。僅列於旁聽席而已。

南京各省代表聯合會　江蘇南京　居正王寵惠馬君武林森

十月十四日。各省軍政府留滬代表選舉黄興爲大元帥。黎元洪爲副元帥。由大元帥主持組織中華民國臨時政府。嗣以黄興力辭。復於十一月一日改選元洪爲大元帥。興爲副元帥。並決定大元帥不能在臨時政府所在地時。以副元帥代行職權。興仍力辭。因是各省代表進退維谷。適孫總理於是月初六日回國抵滬。衆乃於十日在江寧舊諮議局開臨時大總統選舉會。各省代表出席者。有湖北居正馬伯援楊時傑王正廷。湖南譚人鳳鄒代藩廖名搢。陝西張蔚森馬步雲。山西景耀月李素劉懋賞。江西林森趙士北王有蘭俞應麓湯漪。雲南呂志伊張一鵬段宇清。江蘇袁希洛陳陶怡。浙江湯爾和黃羣陳時夏陳毅屈映光。廣西馬君武章勤士。廣東王寵惠鄧憲甫。福建潘祖彝。安徽許冠堯王竹懷趙斌。四川蕭湘周代本。河南李槃。奉天吳景濂。直隸谷鍾秀張銘勳等。計十七省。每省限投一票。孫文得十六票。當選爲臨時大總統。元年一月十六日復選舉黎元洪爲副總統。

中華民國臨時政府　江蘇南京　孫文黎元洪黃興

孫大總統當選後。卽於十一月十三日赴南京宣誓就職。同時宣布改用陽曆。以是日爲民國元年元旦。元年三日向各省代表提出各部總長九人及次長九人。徵求同意。計陸軍總長黃興。次長蔣作賓。海軍總長黃鍾瑛。次長湯薌銘。司法總長伍廷芳。次長呂志伊。財政總長陳錦濤。次長王鴻猷。外交總長王寵惠。次長魏宸組。內務總長程德全。次長居正。教育總長蔡元培。次長景耀月。實業總長張謇。次長馬君武。交通總長湯壽潛。次長于右任。代表會一致通過。

伊犂革命軍政府

伊犂　楊纘緒馮特民廣福

丙午（民前六年）秋湖北同盟會員馮特民因張之洞大興黨獄。適同志陸軍四十二標統楊纘緒調任伊犂陸軍協統。遂相隨出關。乘機與同志馮大樹李輔黃郝可權黃立中等聯絡哥老會首領蜀人徐開陽等及回部首領馬騰霄等。伺隙起義。辛亥十月伊犂清將軍志銳懼楊軍反正。謀解散之。時纘緒特民已商定於十一月十九日（即元年一月七日）舉兵反正。是日特民與黃立中佔領南庫。郝可權領礮隊攻將軍府。李輔據東門。迎反正軍隊入城。馮大樹攻副都統署。志銳逃入烏都統衙門。特民乃偕馬步雲捕志銳至鼓樓東。鎗決之。纘緒乃請卸任都統廣福合組五族共和會。衆舉纘緒爲會長。廣福爲臨時都督。成立革命軍政府。特民專任外交事務。以處理得宜。俄領事甚敬禮之。

北京炸袁暗殺隊

直隸北京　楊禹昌黃之萌張光培

旅北京同盟會員楊禹昌黃之萌張光培等以袁世凱主謀派兵南下。爲革命軍大害。遂於九十月間組織暗殺隊謀除去之。是月十六日（舊曆十一月三十）世凱往朝清帝。行至王府井大街。禹昌等三人卽從茶樓上擲下炸彈。世凱車先行。竟不中。斃衛隊長袁金標及排長二人。隊兵三人。均被逮殉義。

北京北方暗殺部　直隸北京　彭家珍

是歲十一月北方暗殺部部長彭家珍由滬返津。卽偕同志呂紹劉應移杜黃裳趙鐵橋陳憲民等進行暗殺工作。以北京西河沿中西旅社爲辦事機關。時清軍諮處長良弼方組織宗社黨。以阻撓共和。家珍謂此獠不去。必爲革命大患。遂決計除之以免害。因素悉奉天講武堂監督崇恭與弼交好。乃於一月二十六日（舊曆十二月初七日）冒崇恭名詣紅羅廠良弼宅訪之。遇弼於門次。乃向之連擲二彈。弼被炸斷左股。暈絕仆地。衛兵死者九人。家珍被彈觸石反射。重傷頭部而殞。弼蘇後。以流血過多亦逝。弼既死。清室震慄。退位之局乃定。

河南革命威武軍　河南光山　張國威劉積學閻子固

豫省五路革命軍張鍾端等相繼失敗。劉積學乃持河南同盟會公函赴滬向黃興陳其美求援。時南京政府已告成立。遂由旅滬豫省同盟會員組織北伐威武軍。以張國威爲總司令。由南京陸軍部及滬軍都督府撥給鎗械。適劉芬佛閻子固陳伯英馮甲嶺諸人陸續抵滬。威武軍乃於短期內編成。張國威遂率之北上。擬經由皖境側攻河南。師次蕪湖。乃改道黃州陽羅。進抵河南光山縣境。更聯絡淮上軍張滙滔部及鄂省奮勇軍齊向豫省中部進攻。同時閻子固率偏師由三河尖攻新蔡縣。佔領縣東東南三岔口。以淸將倪嗣冲從穎州出兵恐被抄襲後路。乃回軍自保。旋復出師佔領固嶺商城等縣。開封洛陽均爲震動。

河南革命奮勇軍

河南新野　馬雲卿查光復

革命奮勇軍爲留鄂豫籍各級軍人所組織。自河南五路革命軍相繼失敗。豫人乃舉馬雲卿查光復魯鴻賓等爲代表。晉謁鄂都督黎元洪請援。黎許之。卽任雲卿爲奮勇軍標統。而使荊襄招討使季雨霖相機助之。雲卿於是召集同鄉在中州會館開會。豫人參加者二千餘人。卽率之進攻新野縣城。一鼓佔之。繼又攻克鄧州南陽等縣。擒淸南陽總兵謝寶勝殺之。卽梟其首以爲孫豪趙伯階諸同志復仇。時三路軍連戰俱勝。擬向河南中部會師。適南北和議告成。南京陸軍部電令制止各軍一切行動。三路軍遂不得不遵令撤退。河南全省仍落於惡軍閥手。

南京臨時參議院

江蘇南京　林森谷鍾秀李肇甫

南京臨時政府行政各部成立後。各省代表會復於一月十六日制定臨時政府組織大綱。并選舉黎元洪爲副總統。二十八日由各省省議會選出代表組織之臨時參議院宣告成立。衆舉林森爲議長。是爲中華民國人民代議機關正式成立之嚆矢。二月十四日孫大總統向參議院辭臨時大總統職。薦袁世凱自代。參議院遂先後選袁世凱爲臨時大總統。黎元洪爲副總統。三月十一日公佈中華民國臨時約法。南北和議以成。全國統一。

民國前國內外黨人之革命組織補遺

前文脫稿後。復接到各地同盟老友來函多件。均分別錄示民國成立前國內外革命黨人所組織之機關。及其年代地所與關係人頗詳。以前稿不便添入。特爲補述如後。

年期	機關名稱	地所	關係人
甲辰（民前八年）	安慶武毅會	安徽安慶	程家檉吳春暘萬福華

此乃程家檉與萬福華吳春暘范傳甲盧鏡寰潘贊化等在皖組織之最初革命機關。

年期	機關名稱	地所	關係人
同上	東京寓廬	日本東京	程家檉潘贊化

地在日本東京牛込區北辰社。乃皖人程家檉潘贊化等所居。留學界志士多假之爲談話所。乙巳六月孫總理歸自歐洲。即召集有志者黃興陳天華吳春暘等組織革命團體。開會前嘗假寓廬商討進行方略。

年期	機關名稱	地所	關係人
乙巳（民前七年）	東京轟天隱	東京	程家檉張昉

地在東京江戸川側。程家檉於同盟會成立後。與同志張昉遷居於此。榜其名曰轟天隱。皖鄂湘三省多出入其間。

丙午（民前六年）　同盟會十四支部　東京　林時塽李恢

地在東京郊外大久保。乃福建黨員集合機關。閩人林時塽李恢黃士恆等居之。復遷於本鄉區柳町屋。外顏曰田野方。

同上　南京機關部　江蘇南京　趙聲林述慶柏文蔚

丙午春同盟會派皖人盧銹寰到江寧組織機關部。專以運動軍學兩界入黨爲目的。得陸軍將弁孫銘趙聲林述慶柏文蔚林之夏伍崇仁倪映典學界伍崇學封得三辛漢濮仲厚陶駿保等數十人是冬萍鄉醴陵革命軍起。衆謀分路響應。事稍洩。爲清江督端方所疑。衆乃分赴各省活動。機關以是解散。

丁未（民前五年）　北洋振武社　直隸寧河縣　丁開璋丁東第

同盟會員丁開璋是年自日返國。與同志丁東第楊兆林王斌王治增等在直隸寧河城北之南青蛇莊開設北洋振武社爲同盟會分會。同志入會者日衆。丁開璋爲會長。

丁未(民前五年)　烟台東牟公學　山東烟台　徐鏡心胡瑛

山東同盟會員徐鏡心自日本返魯。約湘同志胡瑛在烟台開辦東牟公學。內設同盟會魯省分會。得魯省會員多人。

戊申(民前四年)　奉天督練處　奉天　吳祿貞馮玉祥

是歲革命黨員吳祿貞由清東三省總督調充奉天督練處總辦。祿貞調查北洋第一混成協多革命同志。請調隨行。名單內有馮玉祥張之江王金銘施從雲石敬亭鄭金聲鹿鍾麟韓復渠張樹聲李炘張輔廷諸人。擬將混成協及一二兩標編爲一鎭。適間島事發。祿貞調充邊防督辦。未果。時督練處內部諸將弁有藍天蔚邵保張華飛劉一淸程守箴石星川夏占奎任本昭唐克明陳鏞享天保陳錦章夏得祥等。皆熱心革命者。

同上　新加坡陽明日報　英屬馬來亞　鄭提摩太

同志鄭提摩太精通羅馬文馬來音。特刊一羅馬文馬來土話之日報。以開通華僑土生子弟之不

諳漢文者。孫總理為定報名曰陽明日報。（Haya Matl Harl）（馬來音）

庚戌（民前二年）　新民武學研究會　奉天新民府　馮玉祥商震李炘

己酉庚戌間。清二十鎮革命同志馮玉祥等為擴張黨勢起見。特在奉天新民府組織武學研究會。以為機關。會員有戴純齡孫諫聲商震王金銘施從雲張之江張樹聲張振揚李鳴鐘鹿鍾麟韓復渠石敬亭王遇臣葛盛臣鄭金聲汪人傑劉驥郭鳳山高振龍張紹棠李炘高振龍等。衆舉玉祥為會長。高震龍副之。并推商震負聯絡七十七七十八兩標專責。李炘負聯絡七十九八十兩標專責。韓復渠且自剪辮髮。以為衆倡。

同上　錦州武學研究會　奉天錦州　龔柏齡商震程起陸

駐奉天錦州新軍亦有武學研究會之設。主其事者有龔柏齡商震程起陸張子卿魏榮暢馮慕琦李儀吉吳春霖王德全李樹森張鳳池孫思周胡祥麟李孝通諸人。與新民幹部互相犄角。勢力益張。

同上　錦州隨營學堂　奉天錦州　石星川夏占奎林德軒

清軍二十鎮成立後。分駐錦州有心革命之將校標統石星川管帶夏占奎林德軒隊官龔柏齡劉劍秋特組織隨營學堂。親任教授。以宣傳革命學員有商震朱霽青程起陸張鳳池孫思周王德權李樹森顧蔭棠劉紹文佟玉崐葉永韶關守山諸人。就中震及霽青留學日本。爲革命故投入軍中。實行下層工作。

庚戌（民前二年）　新民山東同鄉會　奉天新民府　馮玉祥王金銘施從雲

王金銘等在新民府組織武術研究會後。聲勢日盛。是歲乃另組山東同鄉會。以掩其迹。魯籍軍人一律入會。而事權由金銘操之。他省同志如施從雲馮玉祥張之江等。概推爲名譽會員。由是藉同鄉會名義派員分赴各地活動。不致起疑。

辛亥　錫金軍政分府　江蘇無錫　秦毓鎏華承德

辛亥九月十三日上海光復後。無錫人秦毓鎏即在小婁巷私宅密招同志錢鼎奎吳千里華承德等計畫起事。各防營隊官劉秀寬等咸表示服從。遂於十六日光復無錫金匱兩縣。衆舉毓鎏爲錫金軍政分府司令。隨派員策動江陰礮臺反正。

辛亥　龍山會盟　直隸雷莊

辛亥淸廷舉行秋操。革命志士白毓崐凌鉞孫諫聲劉士俊董寶華邱子九何英等欲乘時活動。各喬裝商販至灤州附近之雷莊。與塾師李億珍客棧主人李棠等密商進行。旋在距坨子頭里許之龍山訂盟大舉。是爲灤州革命軍之先聲。

同上　天津造胰公司　天津日租界　劉孟揚嚴智怡

武昌起義後。北洋各鎭將領吳祿貞張紹曾藍天蔚等欲假要求淸廷宣佈立憲之名。行革命之實。黨人劉孟揚嚴智怡華石父租得天津日租界造胰公司爲策動機關。分謀響應。

同上　鎭江第一樓　江蘇鎭江江邊　林述慶

辛亥九月上海光復前後。淸卅六標營長林述慶企圖反正。以江邊第一樓爲聯絡機關。一切計畫皆先後與滬寧及軍隊同志柏文蔚林之夏林之淵陳子範江道祺陶遜孫銘伍崇仁劉成端木瓚生梁維嶽等在此協商進行。十七日誓師辭卽在此擬發。

同上　鎭江軍政府海軍處　江蘇鎭江　吳光亞盧鏡寰

清海軍鏡清等十六艦原泊南京。經海軍員弁陳復吳光亞等聯絡士兵成熟。九月二十一日鎮江都督府復派盧鎮寰率炸彈隊赴下關登輪威逼各艦長開往鎮江。始宣告反正。軍政府特爲設置海軍處。以經理艦艇設施。

辛亥　灤州軍事會議　直隸灤州　吳祿貞張紹曾藍天蔚

清廷因張紹曾等截扣軍械。威逼頒憲。乃派第六鎮統制吳祿貞赴灤州宣撫。祿貞偕陳其采蔣作賓黃愷元吳之來等抵灤。遂與紹曾藍天蔚召開軍事會議。議定直搗北京計畫。以灤州張部爲第一軍。奉天藍部爲第二軍。保定吳部爲第三軍。第一軍由漂州趨豐臺。第二軍作後援隊。第三軍由保定趨長辛店。事洩。清廷派奸人刺殺祿貞於石家莊。且免紹曾職。天蔚亦被逼離奉。搗京計畫遂成泡影。

同上　海陽革命機關　山東海陽鎮　張之江張樹聲張振揚

駐海陽鎮第二十鎮馬隊隊官張之江張樹聲張振揚及步隊第八十標二三營管帶鄭金聲馮玉祥等預定響應灤州大舉。爲清鎮統潘矩楹監視。之江樹聲振揚知不可爲。先後出走。

辛亥

任邱雄縣革命軍　直隸順德府　靳廣隆靳洛平

吳祿貞在石家莊殉義後。直隸順德府任邱雄縣志士靳隆廣靳洛平王子德王汝曾張永韓復生馮重德齊子岡田寶納張海等在十月下旬。起義於任邱縣屬之娘子營村。清廷迅派淮軍兩營往攻。以寡不敵衆。靳等大部陣亡。齊子岡率餘人奔晉。是爲灤州起義之前奏。

同上　通州革命軍　直隸通州　王治增

灤州舉義後。北洋振武社長王治增偕王斌楊兆林丁東第等聯絡協和學堂學生蔡德辰北通州武衛左軍醫官雷茂林毅軍隨營學生張文炳設機關於通州張家灣王宅。預備大舉直搗北京。毅軍受盟者不少。十一月二十二日開會。決定卅九日攻佔通州。事洩。二十七日深夜突有毅軍馬隊二百餘騎圍搜總機關。治增等七人被逮。均被處死刑。

同上　吉林獨立會議　吉林省城　范治煥連成基彭漢懷

武昌起義後。駐吉林軍警政學各界革命同志有連成基范治煥李莘齋仇鰲邱特亭彭漢懷趙縱范秉寬范新帆王楨幹羅炳蔚李劼夫傅壹王凱章周志誠繆笠仁任紹林張樹勛等多人。羣請清撫陳昭常宣布獨立。即推爲都督。以巡防統領孟恩遠強烈反對。議不果行。商震乃提議先圖奉天。謂吉黑可傳檄而定。衆然之。於是漢懷劼夫苹齋等先後赴奉。

辛亥　奉天革命機關　奉天西門外　藍天蔚商震朱霽青

奉天革命運動原由藍天蔚負責進行。嗣以灤州事變嫌疑。天蔚爲清撫趙爾巽逼走。乃改由商震朱霽青等負責旋在奉天西門外車站附近十間房設立機關。程起陸朱霽青駐此。迭派徐子王克仁商子培房懷遠方剛宋少俠石巨符王國棟劉純一尹錫五齊續堂分向遼陽開原昌圖鐵嶺法庫本溪等縣活動。未幾以遼陽起義失敗。此機關遂亦解散。

同上　遼陽革命軍　奉天遼陽郭家店　商震程起陸祈耿寰

商震決在遼陽發難。以爲各地之倡。設機關於郭家店。由程起陸祈耿寰等主持之。店主人郭儀廷亦屬同志。尤爲得力。事稍洩。趙爾巽派兵圍捕商震。震乘間逸。時劉二堡巡官徐鏡清率巡警數十名先發難。耿寰起陸等亦率敢死隊二百餘人共同作戰。以寡不敵衆。殉難者百數十人。耿寰起陸僅以身免。

辛亥　　大連同學會　　大連浪速町　　商震藍天蔚連成基

遼陽革命軍敗後。商震率同志走大連。租浪速町二十八番地爲機關。定名同學會。於是正式組織關外軍。孫大總統任藍天蔚爲關外都督。商震爲關外民軍總司令。中央撥給餉械。另派海陸軍北上援應。由是民軍得以轉戰於貔子窩莊河一帶及山東登黃各縣。聲勢大振。至南北統一。始奉令解散。

中華民國三十七年一月初版

中國革命運動二十六年組織史一册

㊥(95645·1)

定價國幣柒元伍角

印刷地點外另加運費

著作者　馮自由

發行人　朱經農
上海河南中路

印刷所　商務印書館
印刷廠

發行所　商務印書館
各地